＼ まだ間に合う！ ／

50歳からのお金の基本

ファイナンシャルプランナー
坂本綾子
漫画
たかしまてつを

エムディエヌコーポレーション

はじめに

人間は大きく分けると、計画的な人と、行き当たりばったりの人の2つのタイプがあるように思います。

若い頃から計画的に生きて順風満帆の人もいるでしょう。けれど、50歳ともなれば、人生後半の計画を立てる難しさを感じる人が多いのではないでしょうか？ 行き当たりばったりの人は、さすがにこれからは準備をした方がよさそうだ、何から手をつけたらいいのかと考え始めるのが50歳ではないでしょうか？

50歳は、若い頃より知識や経験が豊富です。ある程度の資産を蓄えている人もいるでしょう。

さらに、これからどれくらいのお金が入ってくるか計算したことはありますか？ 会社員の場合、平均年収*は、50代前半が529万円、後半が520万円。60代前半が416万円（いずれも男女計）。65歳までの合計は7325万円です。65歳から受け取る厚生年金**は、現在受給している人の平均が月14万6000円（男女計）。90歳まで生きると合計4380万円です。平均額を使った単純計算ですが、給与と公的年金を合わせると1億1705万円。15〜20％の税金・社会保険料を引かれたとして、手取りはざっと平均1億円です。活かせるかどうかは、これからの選択と実行力にかかってきます。

人生100年時代といわれるほど長生きになって、人生後半の暮らし方と、これを支えるお金のやりくりの参考となるモデルは、まだ多くはありません。自分で計画を立てなければ、誰も道案内はしてくれないのです。しかし、かつてなら時間切れだったことを実現できる可能性もあります。

先ほどの計算には、日本の会社の8割で導入されている退職金は含めていません。とはいえ、会社員も人それぞれですし、一方、自営業者が受け取る国民年金の平均受給額＊＊は月5万6000円（男女計）で、会社員の4割弱です。自分の現実を出発点として道筋を描くことが重要です。

この本では、50歳からの計画を立てる上で、押さえておきたいお金の仕組みをお伝えします。今後、社会や自分の気持ちが変化したときも、計画があれば、軌道修正しながら進んで行けるはずです。

坂本綾子

＊国税庁「平成30年分民間給与実態統計調査」より
＊＊厚生労働省「平成30年度　厚生年金保険・国民年金事業の概況」より

CONTENTS

CHAPTER

01

¥

50歳からの暮らしとお金

人生100年なら、50歳はちょうど折り返し地点。
後半をどんなふうに暮らしますか？
50歳からの暮らしは、大人として自分でデザインしたい。
理想の暮らしを実現するために、
必要なお金について考えることが欠かせません。

50歳からの暮らしをデザイン

気がついたら、もう50歳！　だけど、まだ成し遂げていないこと、これから花開かせたいこともたくさんありますよね？　人生100年の時代だからこそ、人生の後半で可能になることもありそうです。前半で蓄えた知識、経験、資産などをもとに、これからの暮らし方を考えてみましょう。

RK

仕事編

50歳からの暮らし、
あなたの望みは？

暮らし編

50歳からの暮らし、
あなたの望みは？

LI

趣味・遊び・ボランティア

まめに
旅行をしたい

ボランティア活動をする

趣味に没頭する

暮らす場所

自宅で
最後まで暮らす

海外で暮らす

実家を継ぐ

いくら貯めてる？

将来に備えて貯金ってしてる？
ボクは全然で……
もちろんだよ
これにバッチリ貯めてるからね！
カワイイなんか安心した
じゃあね
そろそろ部屋がいっぱいだなぁ

50歳からの暮らしとお金データ

8割弱は既婚者、金融資産は個人差が大きい

人は人、自分は自分。とはいえ、他人の暮らしやお財布事情も気になります。50代のデータを集めました。

50代は70～80％弱が結婚しています。割合は少ないものの50代になって結婚する人もいます（表1）。

金融資産の平均額は、2人以上の世帯で1481万円。半数近い世帯が1000万円以上もっている一方、金融資産なしの世帯が17％もいます。単身世帯では金融資産の平均額は1043万円、4人に1人は1000万円以上もっていますが、金融資産なしは39・5％にも達します。ただし、この調査では金融資産を「運

50代の結婚事情

性別・年齢		配偶者との関係				50代での結婚・離婚		
		未婚	配偶者あり	離別	死別	初婚	離婚	再婚
男	50～54歳	20.9%	71.7%	6.7%	0.7%	0.76%	3.23%	1.85%
	55～59歳	16.7%	75.0%	7.0%	1.4%	0.33%	2.23%	1.33%
女	50～54歳	12.0%	75.1%	10.4%	2.5%	0.32%	2.61%	1.39%
	55～59歳	8.4%	77.3%	9.7%	4.7%	0.11%	1.44%	0.80%

＊配偶者との関係は2015年、初婚・離婚・再婚は2017年。いずれも国立社会保障・人口問題研究所「人口統計資料集2019年版」をもとに作成
＊配偶者との関係の合計は100％、初婚・離婚・再婚は各人口に対する割合

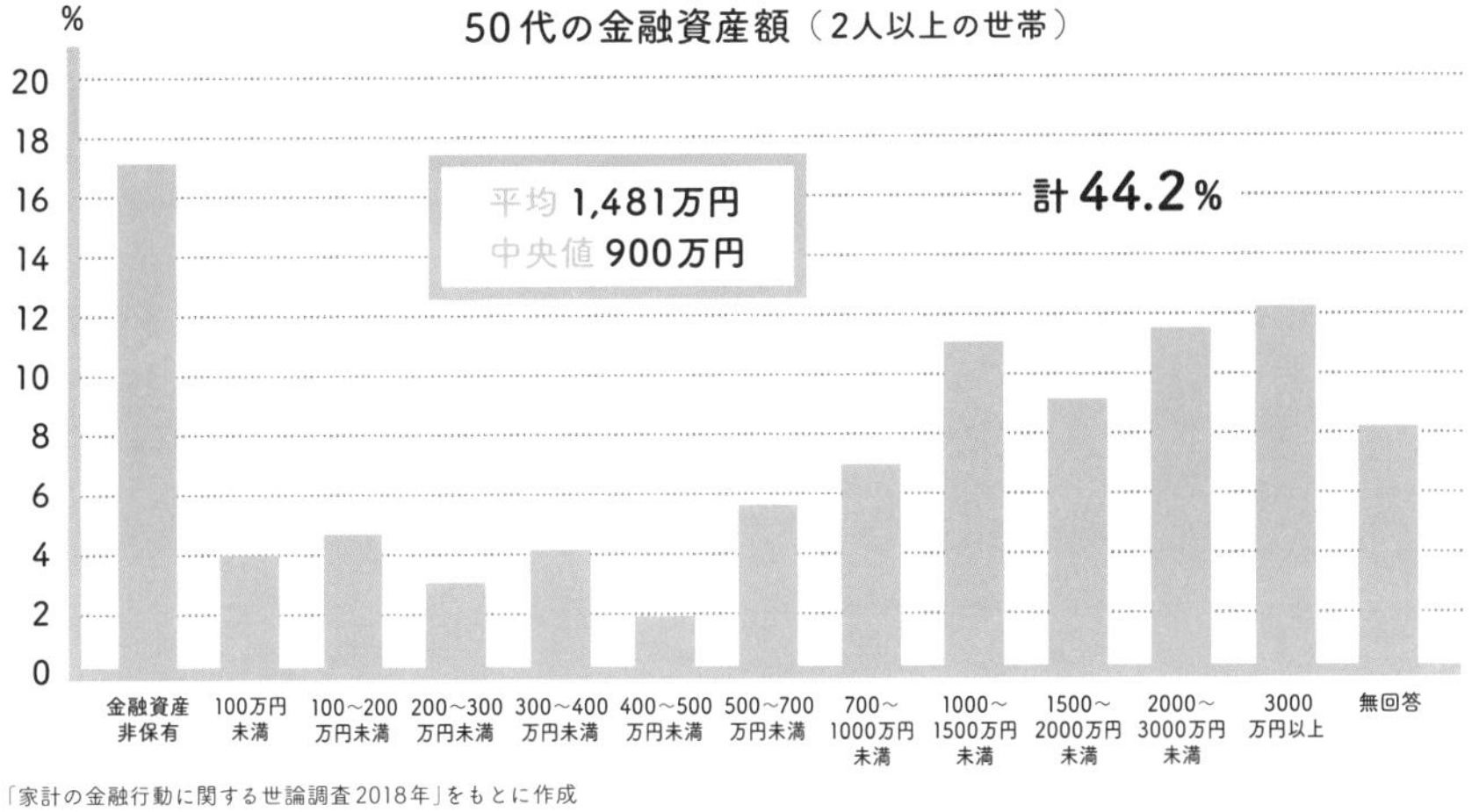

「家計の金融行動に関する世論調査2018年」をもとに作成

用のため、または将来に備えて蓄えている部分」としているので、口座の残高がゼロというわけではなさそうです。金額の少ない方から順に並べたとき真ん中に来る世帯の金融資産額は、それぞれ900万円と100万円です（表2、表3）。50代の金融資産の棒グラフを見ると、2人以上の世帯、単身世帯ともに、持っている人ともっていない人の差が大きいことがわかります。

年間収入は、2人以上の世帯では800万円台、単身世帯は300万円台から400万円台です。

消費支出は、いわゆる生活費で、食料品や水道光熱費、通信費、娯楽費など。住宅ローンは含みません（34ページ参照）。1ヵ月あたり、2人以上の世帯で35万～36万円、単身世帯で20万円前後です。

持ち家率や車の保有率は2人以上の世帯の方が高くなっています。（表4）

単身世帯では、男性より女性の持ち家率が高いのが興味深いですね。

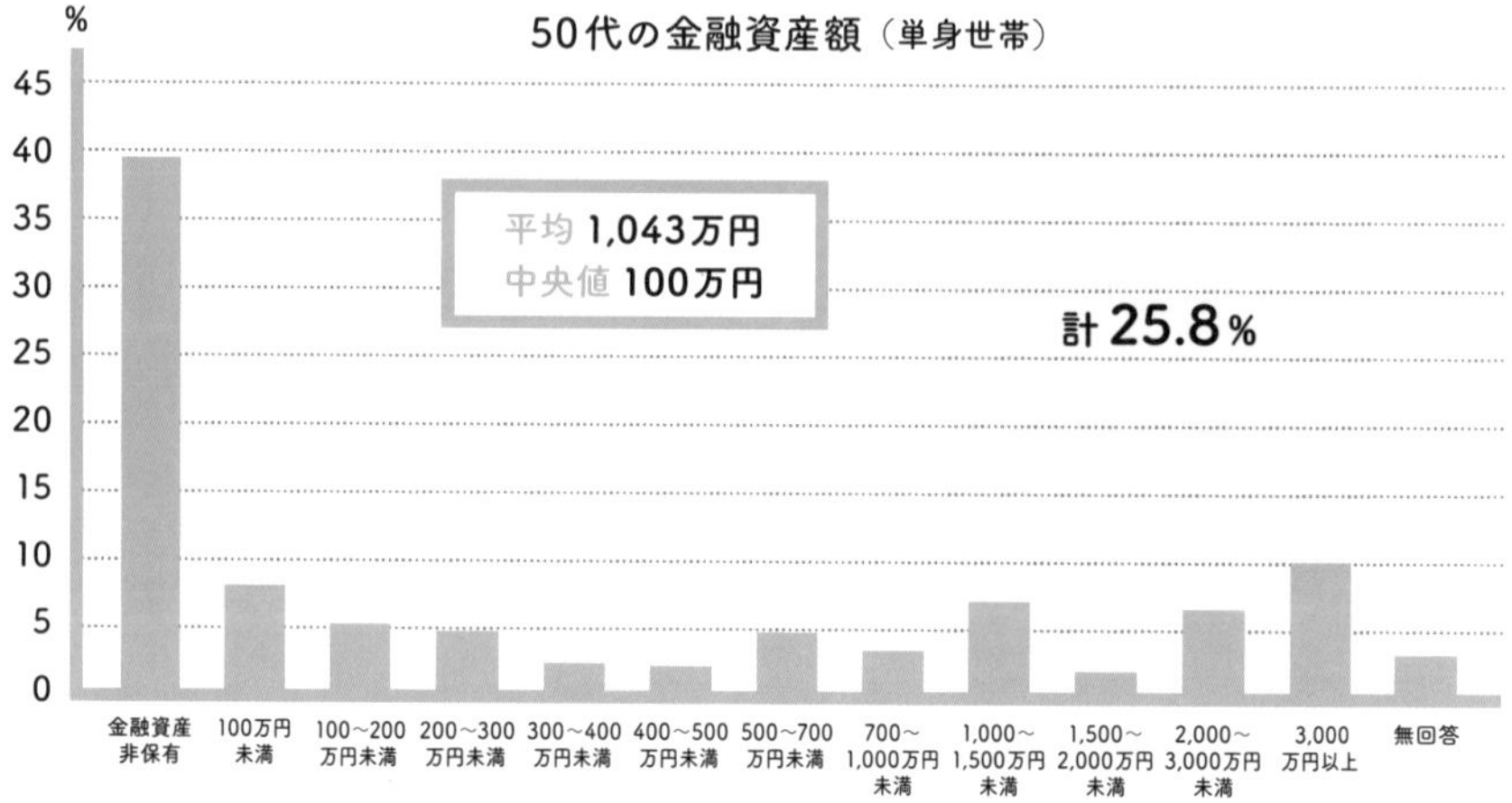

「家計の金融行動に関する世論調査2018年」をもとに作成

50代の年間収入と暮らしの実態

		年間収入	1カ月あたり消費支出	持ち家率	自動車保有率
2人以上の世帯	50～54歳	843万2000円	36万3581円	83.6%	91.6%
	55～59歳	837万5000円	35万6122円	88.1%	90.7%
単身世帯 男性	50～59歳	484万1000円	19万9519円	57.2%	65.1%
単身世帯 女性		356万2000円	20万1879円	68.8%	52.3%

「平成26年全国消費実態調査」をもとに作成

¥ デザインしよう

50歳からの暮らしをデザインしておく必要があるそうな
ほう そういうものかね
デザインしてみたよ
いや、服のデザインとかじゃなくて…
50
でも けっこういいね ボクにも一着頼むよ
いいよ
5万円になります
なるほど そうやって生きていくってことね

自分のお金のサイズを確認

年間で使えるお金はどれくらい？

お金の見通しを立てるときのポイントは、年単位で把握して計画することです。まずは年間の手取り収入を確認します。

会社員や公務員は、年末または翌年1月に勤務先から配布される「源泉徴収票」で年間の収入、社会保険料、所得税がわかります。住民税は6月頃、やはり勤務先から配布される「住民税決定通知書」で確認できます。自営業者は、「確定申告書」で年間の収入、社会保険料、所得税を、「住民税決定・納税通知書」で住民税を確認できます。

この4項目がわかれば、年間の収入から社会保険料、所得税、住民税を差し引いて残る手取り、つまり使えるお金を計算できます。

会社員や公務員は昇給やボーナス額により、自営業者は事業の状況により、年間の収入も手取りも毎年変化しますが、まずはザックリと使えるお金を確認。これをベースに今後のお金の使い方とやりくりの計画を立てます。

手取りがわかったら、ついでに手取りを年間の収入で割り算してください。0・75〜0・8になった人がほとんどのはず。普通に収入がある限り、税金と社会保険料の負担は続きますから、手取りは7〜8割程度（高額所得者を除く）になります。

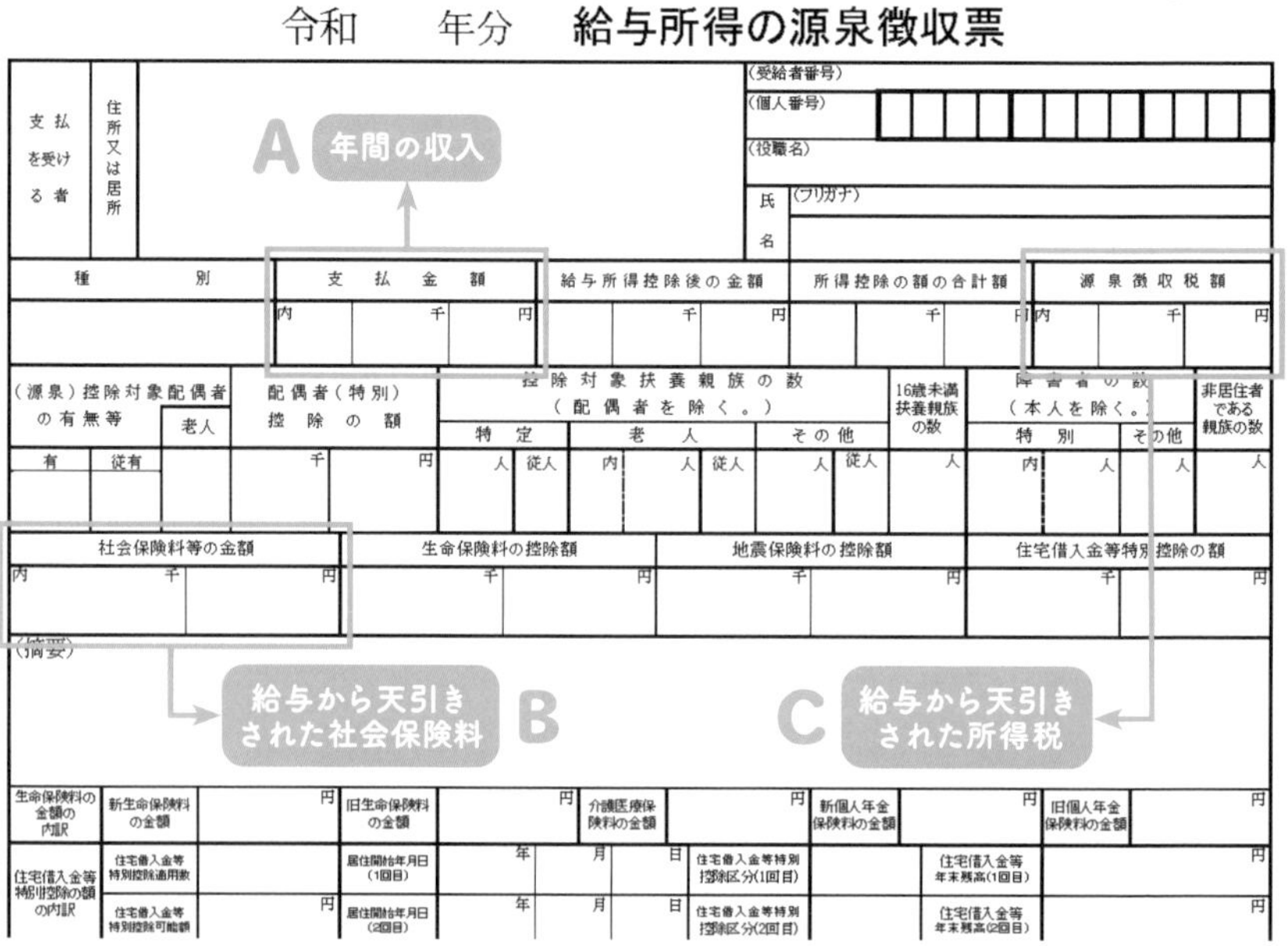
令和　　年分　給与所得の源泉徴収票

支払を受ける者 / 住所又は居所 / （受給者番号） / （個人番号） / （役職名） / 氏名（フリガナ）

種別	支払金額	給与所得控除後の金額	所得控除の額の合計額	源泉徴収税額
	内　千　円	千　円	千　円	内　千　円

（源泉）控除対象配偶者の有無等（有・従有・老人） / 配偶者（特別）控除の額（千　円） / 控除対象扶養親族の数（配偶者を除く。）（特定・老人・その他：人・従人・内） / 16歳未満扶養親族の数 / 障害者の数（本人を除く。）（特別・その他） / 非居住者である親族の数

社会保険料等の金額	生命保険料の控除額	地震保険料の控除額	住宅借入金等特別控除の額
内　千　円	千　円	千　円	千　円

（摘要）

生命保険料の金額の内訳：新生命保険料の金額　円 / 旧生命保険料の金額　円 / 介護医療保険料の金額　円 / 新個人年金保険料の金額　円 / 旧個人年金保険料の金額　円

住宅借入金等特別控除の額の内訳：住宅借入金等特別控除適用数 / 居住開始年月日（1回目）年　月　日 / 住宅借入金等特別控除区分（1回目） / 住宅借入金等年末残高（1回目）円 / 住宅借入金等特別控除可能額　円 / 居住開始年月日（2回目）年　月　日 / 住宅借入金等特別控除区分（2回目） / 住宅借入金等年末残高（2回目）円

給与所得の源泉徴収表（部分）

これは、収入が勤務先からの給与のみの場合。給与に加えて一定額以上の副業収入や不動産収入などがある場合は、確定申告が必要となり（150ページ参照）、自営業者と同様に確定申告書で確認する。

確定申告書はここを見る

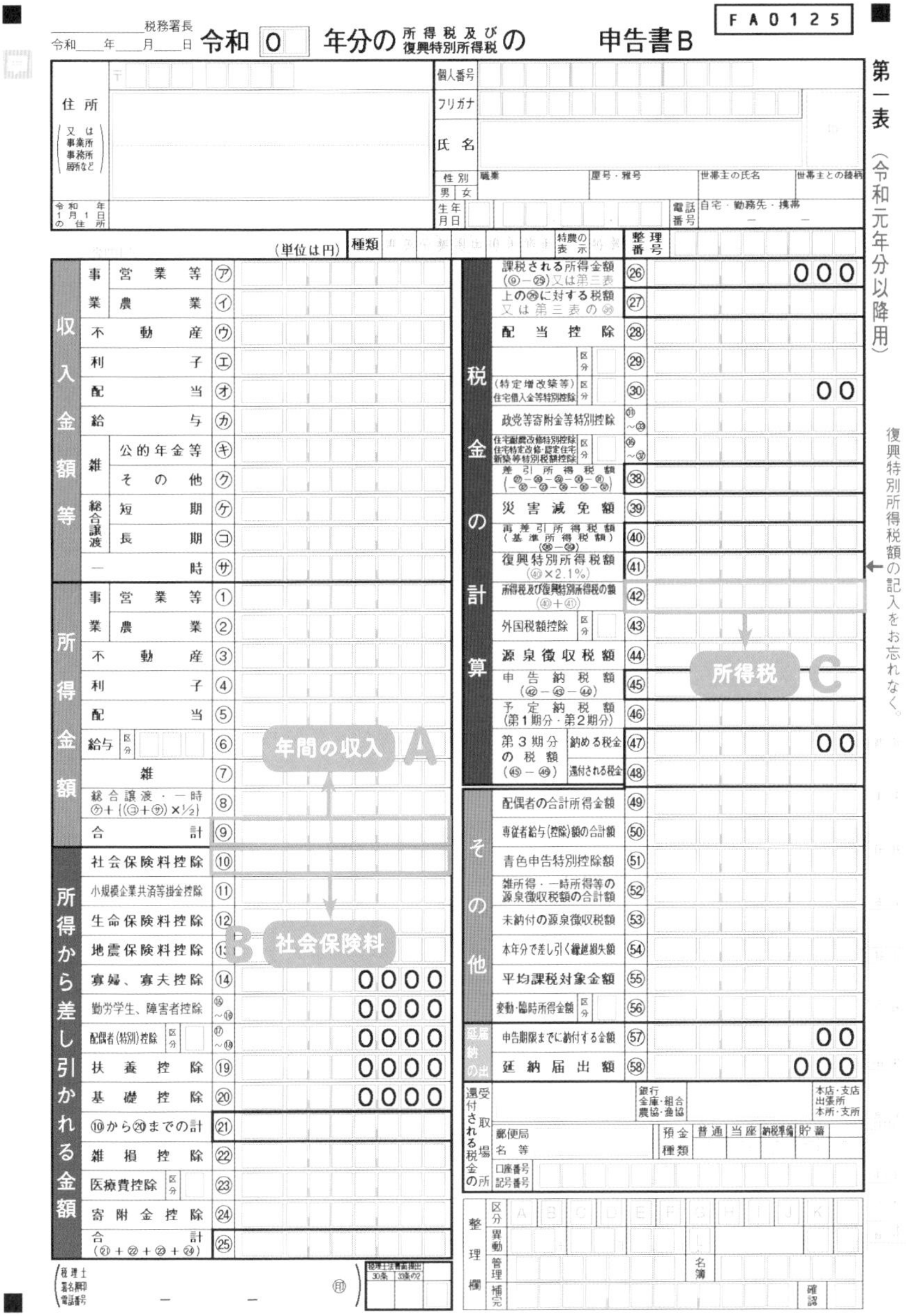

令和元年度の確定申告書B

確定申告書の場合は、青色申告なら10万円、または65万円の特別控除額⑤をAに加える。

住民税決定通知書の例（自治体により様式は多少異なる）

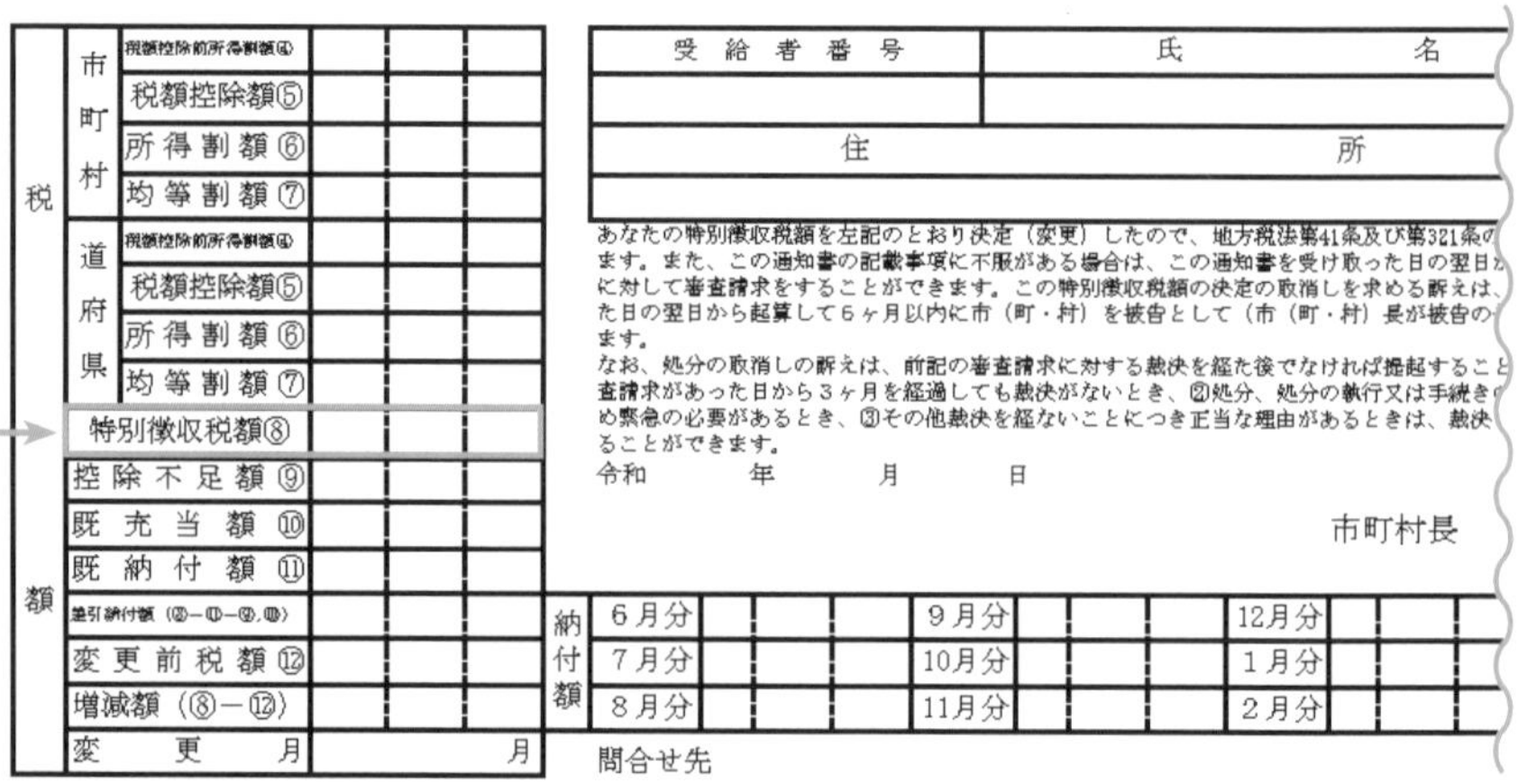

税額					
市町村	税額控除前所得割額④				
	税額控除額⑤				
	所得割額⑥				
	均等割額⑦				
道府県	税額控除前所得割額④				
	税額控除額⑤				
	所得割額⑥				
	均等割額⑦				
特別徴収税額⑧					
控除不足額⑨					
既充当額⑩					
既納付額⑪					
差引納付額（⑧−⑩−⑨,⑪）					
変更前税額⑫					
増減額（⑧−⑫）					
変更月		月			

受給者番号	氏名
住所	

あなたの特別徴収税額を左記のとおり決定（変更）したので、地方税法第41条及び第321条の
ます。また、この通知書の記載事項に不服がある場合は、この通知書を受け取った日の翌日か
に対して審査請求をすることができます。この特別徴収税額の決定の取消しを求める訴えは、
た日の翌日から起算して６ヶ月以内に市（町・村）を被告として（市（町・村）長が被告の
ます。
なお、処分の取消しの訴えは、前記の審査請求に対する裁決を経た後でなければ提起すること
査請求があった日から３ヶ月を経過しても裁決がないとき、②処分、処分の執行又は手続きの
め緊急の必要があるとき、③その他裁決を経ないことにつき正当な理由があるときは、裁決
ることができます。
令和　　年　　月　　日

市町村長

納付額										
６月分				９月分				12月分		
７月分				10月分				１月分		
８月分				11月分				２月分		

問合せ先

給与から天引きされる住民税の額 D

住民税決定通知書（部分）

上は給与所得者用の通知書の例。「税額」の「特別徴収税額」が、給与から引かれる住民税。住民税は翌年の６月から翌々年５月までの給与から天引きで支払う仕組みなので、実際の収支はずれてしまう。その年の納付額を確認したいなら、給与明細に記載された毎月の住民税を合計して１年分を計算する。会社員でも副業収入などがあり、確定申告をする場合は、住民税の納付について、本業の勤務先の給与天引き（特別徴収）と、自分で納める（普通徴収）のどちらかを選択できる。自分で納める場合は、「住民税決定・納税通知書」が自宅に届くので、金融機関などで納める。

自分の数字を記入してみよう

年間収入 A	社会保険料 B	所得税 C	住民税 D	年間の手取り収入* A-B-C-D

＊全部の数字を調べるのが面倒なら、年間の収入のみ確認して、一般的な収入額なら0.75を、収入が多いなら0.65～0.7を掛けて手取り収入を計算しても可。住宅ローン控除やふるさと納税等による節税は考慮していません。

㊎ お金のサイズ

自分のお金のサイズを知ることが大事だよ
そういえばちゃんと調べたことなかったな
へー
意外に資産家？
けっこう大きいよ！
え、なにが？
1メートル80センチだった！
何時代⁉
ボクのお金の直径

50歳になったら必ず確認したいこと

公的年金の見込額を確認

若い頃よりも多様になるのが、50歳以降のお金の状況です。一般論ではなく、自分の状況の把握が重要です。

● 会社員・公務員

勤務先の給与体系と退職給付制度

調査によれば、給与は50代でピークに達するケースが多いようです。入社（職）時に、給与や退職給付、定年などの就業規則の説明があったはずですが、覚えていますか？ 入社（職）後に変更されたこともあるでしょう。定年延長や退職給付制度の変更が多くの会社で行われています。

定年までに給与はどう変化しそうか、定年年齢と継続雇用、退職時の給付について勤務先の規則を確認しておきましょう。

● 自営業者

今後の仕事の見通しと自営業者向け上乗せ年金制度

50歳まで自営業で働いてきた人なら、今後も仕事を続けていけそうか、取引先の状況などから予測がつくのではないでしょうか？引退後を安定して過ごすためには、年金生活の収支を予測し（4章参照）、引退の時期や、それまで維持したい年収目標を決めておくことをおすすめします。50歳からもうひと頑張り、新規の案件を取って収入を増やすことも、まだ働きざかりの50代なら可能性があります。

併せて、自営業者向けの年金制度で、すでに加入しているものは受け取り額を確認。必要に応じて掛金の増額や、未加入の制度への新規加入も検討しましょう。50代ならまだ間に合う制度もあります（3・4章参照）。

● 会社員、主婦（夫）など、全員共通

今後の大きな支出と公的年金の見込額

立場と状況にかかわらず、50歳になったら必ず確認しておきたいのが、これから予測される大きな支出と公的年金見込額です。

大きな支出とは、例えば子どもを授かるのが遅かった人は教育費の負担や、退職金で一括返済する予定の住宅ローンの残高などです。

公的年金の見込額は、50歳以上になると、毎年誕生月の前後に届く「ねんきん定期便」に記載されます。公的年金は引退後の収入の柱となりますから、必ず確認しましょう。自分で予測していたよりも少ない場合は、対策を考える必要があります。「ねんきん定期便」に記載のアクセスキーを使って「ねんきんネット」のユーザーＩＤを取得すれば、ネットでいつでも自分の公的年金加入履歴や公的年金見込額を確認できるようになります。

今後の働き方や収入などの条件を設定して、年金見込額の試算もできます。

ねんきん定期便はここを見る

平成31年度ねんきん定期便
（50歳以上）

受給資格期間が120月以上なら
公的年金をもらえる（老齢年金）

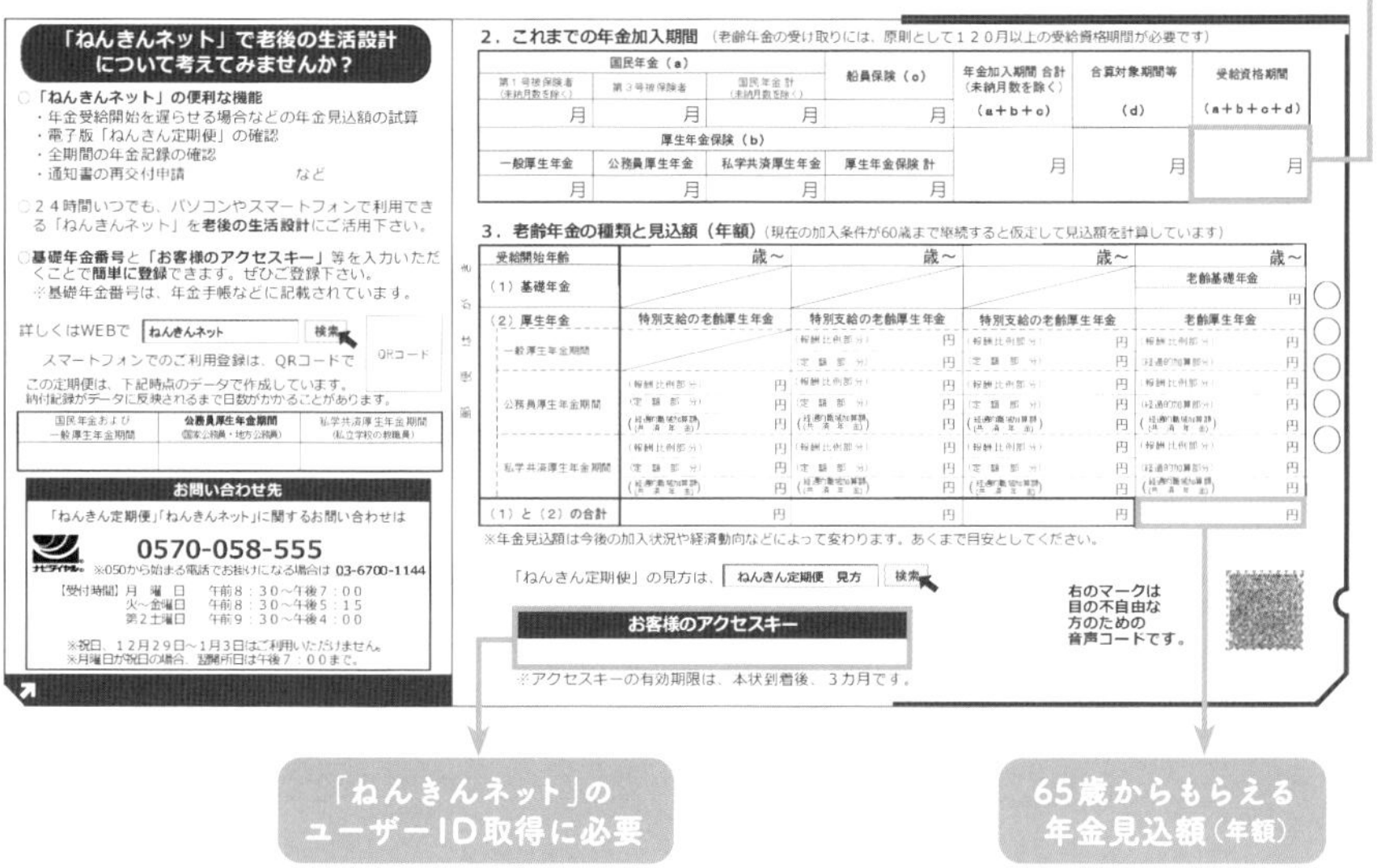

「ねんきんネット」で老後の生活設計について考えてみませんか？

○「ねんきんネット」の便利な機能
・年金受給開始を遅らせる場合などの年金見込額の試算
・電子版「ねんきん定期便」の確認
・全期間の年金記録の確認
・通知書の再交付申請　など

○２４時間いつでも、パソコンやスマートフォンで利用できる「ねんきんネット」を**老後の生活設計**にご活用下さい。

○**基礎年金番号**と**「お客様のアクセスキー」**等を入力いただくことで**簡単に登録**できます。ぜひご登録下さい。
※基礎年金番号は、年金手帳などに記載されています。

詳しくはWEBで　ねんきんネット　検索

スマートフォンでのご利用登録は、QRコードで　QRコード

この定期便は、下記時点のデータで作成しています。
納付記録がデータに反映されるまで日数がかかることがあります。

国民年金および一般厚生年金期間	公務員厚生年金期間（国家公務員・地方公務員）	私学共済厚生年金期間（私立学校の教職員）

お問い合わせ先

「ねんきん定期便」「ねんきんネット」に関するお問い合わせは

ナビダイヤル　0570-058-555
※050から始まる電話でお掛けになる場合は 03-6700-1144

【受付時間】月　曜　日　午前８：３０～午後７：００
火～金曜日　午前８：３０～午後５：１５
第２土曜日　午前９：３０～午後４：００

※祝日、１２月２９日～１月３日はご利用いただけません。
※月曜日が祝日の場合、翌開所日は午後７：００まで。

2．これまでの年金加入期間（老齢年金の受け取りには、原則として１２０月以上の受給資格期間が必要です）

国民年金（a）			船員保険（c）	年金加入期間 合計（未納月数を除く）(a+b+c)	合算対象期間等 (d)	受給資格期間 (a+b+c+d)
第１号被保険者（未納月数を除く）	第３号被保険者	国民年金 計（未納月数を除く）				
月	月	月	月			
厚生年金保険（b）						
一般厚生年金	公務員厚生年金	私学共済厚生年金	厚生年金保険 計			
月	月	月	月	月	月	月

3．老齢年金の種類と見込額（年額）（現在の加入条件が60歳まで継続すると仮定して見込額を計算しています）

受給開始年齢		歳～	歳～	歳～	歳～
（1）基礎年金					老齢基礎年金 円
（2）厚生年金		特別支給の老齢厚生年金	特別支給の老齢厚生年金	特別支給の老齢厚生年金	老齢厚生年金
一般厚生年金期間			（報酬比例部分）円	（報酬比例部分）円	（報酬比例部分）円
			（定額部分）円	（定額部分）円	（経過的加算部分）円
公務員厚生年金期間		（報酬比例部分）円	（報酬比例部分）円	（報酬比例部分）円	（報酬比例部分）円
		（定額部分）円	（定額部分）円	（定額部分）円	（経過的加算部分）円
		（経過的職域加算額（共済年金））円	（経過的職域加算額（共済年金））円	（経過的職域加算額（共済年金））円	（経過的職域加算額（共済年金））円
私学共済厚生年金期間		（報酬比例部分）円	（報酬比例部分）円	（報酬比例部分）円	（報酬比例部分）円
		（定額部分）円	（定額部分）円	（定額部分）円	（経過的加算部分）円
		（経過的職域加算額（共済年金））円	（経過的職域加算額（共済年金））円	（経過的職域加算額（共済年金））円	（経過的職域加算額（共済年金））円
（1）と（2）の合計		円	円	円	円

※年金見込額は今後の加入状況や経済動向などによって変わります。あくまで目安としてください。

「ねんきん定期便」の見方は、　ねんきん定期便　見方　検索

お客様のアクセスキー

※アクセスキーの有効期限は、本状到着後、３カ月です。

右のマークは目の不自由な方のための音声コードです。

自分の数字を記入してみよう

いつまで働けるか、働くか（歳）	引退までの収入の予測（円）	今後の大きな支出（円）	退職金、企業年金などの収入（円）	公的年金見込額（円）

¥ 確認しておこう

先輩、ボクもついに50歳ですよ
ほぉ そうかい
じゃあ、これからはちゃんと確認しておいた方がいいぞ〜〜!!
え、確認って、何をですか??
そういう歳かぁ
自分の年齢!すぐ忘れちゃうから
オレ今、52だっけ…いや53か?

CHAPTER

02

¥

50歳からのマネープランを考える

50代向けのお金の本がテーマとして取り上げるのは、
主に定年や老後資金です。もちろんこれらは必要事項ですが、
マネープランの前提となるのは、まず自分自身の現実、
そして優先すべきは自分がやりたいこと。
これらを確認し、掘り下げて、マネープランに落とし込みます。

50歳の自分の現実を知る

現時点の収入や資産を確認

社会に出て約30年。50歳という年齢は、家計も生活も、人によって差が大きいと家計相談を通して感じます。コツコツと積み上げてきた十分な貯蓄がある人、多額の住宅ローンが残っている人、子育てのゴールが見えている人、親になってまだ数年の人、独身で若々しい気分のままの人、早期退職して次の仕事を探す人……。

アーリーリタイアを目指すのでなければ、どのような状況の人も、まだまだ現役時代は続きます。そして50歳以降の現役時代をどう暮らすかは、老後生活に大きく影響します。

家計は3年あればかなり改善します。50歳なら60歳までは10年、65歳までなら15年、70歳までなら20年ありますから、貯蓄が少ない人や、現状に満足できない人も、理想に近づける可能性は充分にあります。そのためにもまずは、50歳の自分の現実をしっかりと見つめなければなりません。以下の点を確認しましょう。

これらに、1章の最後で確認した「今後の仕事や収入の見通し」、「今後の大きな支出」、「公的年金の見込額」を合わせて、マネープランを考えます。

CHECK

- □ 毎月の収入と支出（簡単に把握する方法は32ページ参照）
- □ 手取り年収と支出（手取り年収の計算方法は16ページ、支出の把握方法は33ページ参照）
- □ 住宅は持ち家か賃貸か、持ち家なら住宅の評価額と住宅ローン残高（28ページ参照）
- □ 借入金があるなら、残高、返済期間、金利
- □ 車をもっているなら、税金を含めた維持費
- □ 資産残高（28ページ参照）
- □ 加入している保険の保障内容と保険料

50歳からのライフデザインを描く

50歳からの人生でやりたいことは何でしょうか？

住宅ローンの返済や老後資金の準備など「やらねばならないこと」はありますが、それだけではなく、自分がやりたいこと、こう暮らしたいという希望こそが最も重要なのです。

私の場合は、「やらねばならないこと」として、遅く産んだ子どもを育て上げることがあります。そして、自分がやりたいことは、まずスポーツ、そして気の合う友人との食事やおしゃべり、国内旅行など。たわいもないことですが、これまで仕事と子育てに追われて、なかなか実現できませんでした。こんな日常的なことから、大きな決断が必要な転居など、自分がやりたいこととは何なのかを、考えてみてください。

そして、これらを実現するための費用についても予測してみます。相場や安くする方法を自分で調べて、計画を立てるのも楽しいもの。日常生活費の中でやりくりできそうなことと、別途予算がかかることとに分けられるはずです。そこを見極めて、マネープランを立てます。

CHECK

50歳からやりたいことリストを書き出そう

- [ ]
- [ ]
- [ ]
- [ ]
- [ ]

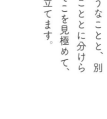

マネープランを立ててみよう

50歳以降、各年代で実現したいことを大まかに記入し、
お金をどうやりくりするかも考えます。

マネープラン作成のポイント

1 金額が不明なものや不確定なことは「？」でOK。
これからの人生の大きな流れを考えてみる。

2 まずは自分自身がどうありたいか。
家族の生計を支えてきた人も、いったん自分の欲求と向き合う。
その上で、必要な部分は家族とすり合わせる。

3 マネープランは最初は大まかでよい。何度でも書き直してよい。
具体的な方法を考えたり金額を調べたりしながら加筆・修正を繰り返す。

費用の相場と安くする方法の例

スポーツを始める	スポーツクラブに入るなら、施設により月額数千円から数万円。 自治体の施設やスポーツ教室ならもっと安く済む。
自宅のリフォーム	内容により数百万円から1,000万円超。 耐震補強など住宅の性能を高めるリフォームなら 補助金や減税を受けられる（151ページ参照）。 持ち家ならＤＩＹで楽しみながら安く済ませる手も。
旅行	行き先、内容により数万円から数十万円。 格安チケットなどの利用で金額に差がつく。
高齢者住宅や介護施設に入居する	家賃形式から、高額の入居一時金が必要なところまでさまざま。 自分の状況と予算に合わせた選択が重要（51ページ参照）。

この先ページを読み進んでいただければ、
より具体的なマネープランを立てやすくなるはずです。

50歳からのマネープラン記入例

すべてを細かく埋める必要はありません。
記入例を参考にマネープランを立てましょう。

<table>
<tr><th colspan="2">年齢</th><th>50代</th><th>60代</th><th>70代</th><th>80代</th><th>90代</th></tr>
<tr><td colspan="2">やりたいこと
予測される
イベント</td><td>・週1でテニスを再開する
・53歳時に末子が独立</td><td>・自宅リフォーム
・体力維持
・新しい趣味を見つける？
・孫が生まれるかも</td><td>・大型の海外旅行
・同じ趣味や気の合う友達との時間を大事にする
・もらう相続発生？</td><td>・近場で国内旅行
・身の回りの整理
・ひ孫が生まれるかも</td><td>・未知の世界だが明るく過ごしたい</td></tr>
<tr><td rowspan="3">収入</td><td>定期的な収入</td><td>給与</td><td>給与、
企業年金（60歳から）</td><td>公的年金、
企業年金（75歳まで）</td><td>公的年金</td><td>公的年金</td></tr>
<tr><td>不定期な収入</td><td></td><td>退職金</td><td></td><td></td><td></td></tr>
<tr><td>その他</td><td></td><td></td><td>76歳から金融資産の取り崩し</td><td>金融資産の取り崩し</td><td>金融資産の取り崩し</td></tr>
<tr><td rowspan="2">支出</td><td>日常生活費</td><td>子ども独立で負担が減るぶんを自分の趣味の費用に充てる</td><td>継続雇用の給与と企業年金でまかなう
住宅ローン完済（63歳）後は、余裕が生まれる</td><td colspan="3">企業年金の受け取り終了後は、
不足分を金融資産から取り崩す</td></tr>
<tr><td>特別費</td><td></td><td>自宅リフォーム</td><td>海外旅行</td><td colspan="2">体調によっては
高齢者施設への入居を検討？</td></tr>
<tr><td colspan="2">目標</td><td>教育費のための貯蓄取り崩しは極力、避けたい</td><td>70歳までは勤労収入を得る</td><td>金融資産を運用しながら上手に取り崩す方法を考える</td><td>金融機関や金融商品の見直しと整理</td><td></td></tr>
</table>

¥ やりたいことリスト

50歳になったことだし、
これからやりたいことをリスト化してみよう
いざ書こうと思うと、なかなか難しいものだね
・早寝早起き
何も思いつかない……
人生って何だろう

￥ 人生イベント

オレたち夫婦のイベントにかかる費用を試算してみたぜ
ふふ、いつも夢みたいなことばかり言ってるのに、意外と現実的なのね……
あら、この最後の数百万って何かしら
オレの葬式を武道館で盛大にぶち上げるのさーー!!
イェーイってピースしてる遺影にしてな!
ジョ、ジョークだよハニ〜〜!
離婚の慰謝料も足しておいてくれる?

現在、持っている資産の確認

総額でどれくらいの資産をもっているか、計算したことはありますか？ もしまだなら、書き出して合計してみましょう。

金融資産としては、銀行預金、貯蓄性のある保険の満期金や解約返戻金（保険証書や設計書に記載されている）、投資している人は株式や投資信託の元本と評価額。非課税口座ＮＩＳＡ（65ページ）を使っている人も、元本と評価額を記載します。

自宅やアパートなどの不動産をもっているなら、評価額を確認しましょう。不動産は時価より低めに見積っておくのがポイント。思っていたほどの値段では売れないこともあるからです。固定資産税評価額を目安にするのがおすすめ。自治体から送付される固定資産税の課税明細書に記載されています。自治体により「価格」や「評価額」となっています。土地と建物に分かれ、土地は時価の7割程度、建物は築年数が古いほど安くなります。合計額を出します。

プラスの資産のみならず、住宅ローンなどのマイナスの資産＝負債があればこれも書き出し、資産から負債を引いた純資産（正味資産）も計算します。

1年に一度、計算して、下のような表にしておけば、年ごとの推移を確認できます。

純資産が増えていくのは家計管理や貯蓄の励みになります。

今、もっている資産の記載例

○○年○月○日

資産		負債	
金融資産			
定期預金	1,150 万円	住宅ローン	750 万円
投資信託（NISA 元本 265 万円）	280 万円		
終身保険（解約返戻金）	200 万円		
（金融資産合計	1,630 万円）		
不動産			
自宅の土地・建物	2,450 万円	負債合計	750 万円
資産合計	4,080 万円	純資産（資産－負債）	3,330 万円

確定拠出年金がある人は、企業型も個人型も個人名義の金融資産なので、資産に記載してもよい。
ただし受け取りは60歳以降だから、退職給付（94ページ）と考え、別扱いにしてもよい。重複しないように、どちらかで把握する。

資産の内訳でわかる家計の特徴と対処法

家計は2つの側面から見ることができます。1つ目は、一定期間のお金の流れ。例えばひと月にいくら入ってきて、何にいくら使ったのか。2つ目は、ある時点における資産残高。

28ページで確認したのは、2つ目の資産残高です。この資産残高の内訳は家庭によりさまざまです。資産にはそれぞれ性質がありますから、資産の内訳により家計の特徴も異なるので、今後の対処法は変わってきます。資産を、すぐにお金として使えるか、つまり現金化しやすいかどうかを目安に4つのグループに分けて考えます。

4つのグループの資産をどんな割合で持つか、絶対的な理想はありませんが、どれかに偏っているなら、今後はバランスがとれるよう家計管理を（次ページ参照）。

現金化しやすい資産としにくい資産

現金化しやすい

預金・貯金*

＊都市銀行や地方銀行などでは預金、ゆうちょ銀行やJAなどでは貯金と呼ぶ。この本では今後は総称して預貯金と呼ぶことにする。

普通預金はいつでも引き出せる。

定期預金も中途解約すれば、利子は減るが引き出せる。

現金化しやすい。

投資商品

株式や投資信託は価格が変動するので、いつ売却するかで受け取り額が違ってくる。利益が出るタイミングで売却しようとするとすぐには売れないことも。

株式は注文を出しても売買が成立しないこともある。

預貯金よりも現金化しにくい。

貯蓄性のある保険

給付金や満期金がもらえる時期は決まっていて、中途解約すると元本割れするケースが多い。

満期がない終身保険は、解約返戻金が払い込んだ保険料を上回るのは、加入後かなり年数が経ってから。

現金化しにくい。

不動産

買い手が現れるまで、売却は成立しない。

物件や時期にもよるが、家や土地は最も現金化しにくい。

現金化しにくい

資産の内訳による家計の特徴と対処法

あなたはどのタイプ？

＼すぐに使える預貯金が少ない／ 突発的なリスクに弱い

対処法

突然の災害、入院、失業などにより現金が必要になることがあります。50歳なら毎月の生活費の3カ月〜半年分はもっていたい。積立定期などを使って早急に預貯金を増やしましょう。保険や通信費、教育費の支払い方法について、見直しと検討を（42ページ参照）。

＼資産のほとんどが預貯金／ 資産がなかなか増えない

対処法

家計の安定感は大きいのですが、預貯金の金利は現在とても低いので、預貯金だけで資産を大きく増やすことは難しい。どの程度の預貯金があれば安心できるか、投資する際にどれくらいのリスクを許容できるかは人により異なります。自分に合った資産配分と金融商品で投資することも検討しましょう（62ページ参照）。

＼保険の比率が高い／ 保障が片寄り、保険では対応できないリスクに弱い

対処法

貯蓄性のある保険にも、保障は含まれていて、そのぶんの保険料を払っています。必要以上の保障額になっている一方で、保険は現金化しにくいため現金が必要となるリスクに弱い、また投資としては効率が悪いケースも。50歳は保険の見直し時。どのように見直すかは、加入している保険の種類などにより異なります（5章50歳からの備え方参照）。

＼資産のほとんどが不動産／ 突発的なリスクに弱い

対処法

不動産は最も現金化しにくい資産です。自宅の場合は、自宅を担保にして住んだまま現金を手にするリバースモーゲージという方法も使えますが、利用できる年齢や対象となる不動産には条件があります。当面は、預貯金を増やすことを優先しましょう。

＼純資産がマイナス／ 突発的なリスクに弱く、破綻の心配あり

対処法

頭金を入れずに全額ローンで住宅を購入した、急に現金が必要でカードローンを借りてしまったなど、さまざまな事情で資産よりも借入金が多くなってしまったパターン。緊急事態ですから早急に毎月の収支を見直し、預貯金を増やすことに専念しましょう。

いかがでしたか？　家計管理というと、家計簿をつけてお金の流れを把握することを思い浮かべがちですが、特に50歳以降は資産の把握が重要です。資産は、お金が流れた結果として増えたり、減ったりします。資産を把握することにより、今後のお金の流れをどういう方向に向けていくかを判断できます。

¥ 大切な資産

私も、ついに
半世紀生きた
歳になったか
若い頃に
会社を興し、
がむしゃらに働いて
大きくした
持っている
資産は
計り知れ
ないくらい
ある
でも一番
大切なのは
オマエだよ
猫ちゃーん

収入と支出を把握する

毎月の収支の確認

資産については28ページで確認しました。次に、お金の流れについて確認しましょう。

毎月のお金の流れはどうなっているのか、今後のためにどう見直すべきか、これを考えるには、収入と支出を把握することです。なかなか家計簿をつけられない人も、確認する方法があります。支払いの記録を利用するのです。

お金を払う方法は主に3つ

銀行口座からの引き落とし

通帳記帳（インターネットバンキングならWEB通帳）で確認できます。
光熱費、住宅ローンや家賃、通信費、保険料、学費、クレジットカード利用代金、
デビットカード利用代金、電子マネーのチャージなどがわかるはず。

カード支払い

銀行口座から引き落とすクレジットカードや
デビットカード利用代金の内容は、それぞれの明細でわかります。

現金支払い

ATMからの引き出し額も通帳で確認できます。

面倒で通帳記帳をしないままの人が増えているようですが、通帳には家計の基本情報が記録されています。振り込まれた給与や収入、引き落とされたさまざまな支払いです。通帳とカード利用代金の明細を眺めるだけでも、1カ月の手取り収入と大まかな支出がわかります。

せっかくですから、まずは先月分を集計してみましょう。通帳とカード明細を見ながら、ノートかエクセルに、費目ごとの合計を記入します。ざっくり1万円や千円単位でかまいません。住宅ローン12万5000円、食費8万円など。現金で払うのは日常的な食費や日用品なら、ATMから引き出した現金の合計額を食費・日用品とすればいいでしょう。現金で大きな買い物をした場合は記憶に残っているはずですから、そのぶんは別に記載します。

年間の収支の確認

1カ月の収支が確認できたら、次にチャレンジしたいのが年間の収支の確認です。1カ月分ずつ毎月の収支を算出し、これを合計して過去1年間の収支を出します。多少の手間はかかりますが、これがわかるとマネープランを立てやすくなるので、ぜひ取り組んでください。金額が多少合わなくても気にせず、ざっくりと1年間では、いくら手取り収入があり、何にいくら使っているか、その結果、お金がいくら残っている＝貯蓄できているか、を確認します。これにより今後の貯蓄のペースが予測できます。集計がどうしても面倒な人は、1年前の通帳の残高と、現在の残高を比べて、この1年でいくら貯められたかをざっくり確認してください。年間の手取り収入（16ページ）と年間の貯蓄額がわかれば、年間の支出（手取り額－貯蓄額）も計算できます。

例えば今後10年間の入金と支出が同じなら、10年後には1年間の貯蓄額の10倍が貯まっているはずです。現在の資産（28ページ）と、これから貯める分を合わせるといくらになるか、そのお金で思い描いたマネープランを実現できそうでしょうか？

実際には、ずっと収支が同じというケースは少ないですし、今のペースでは資金が足りない結果になった人もいるでしょう。ここから、さらに具体的に考えていきます。

これから減る支出、増える支出

これから減る支出、逆に増えそうな支出を予想してみましょう。

ちなみに34ページに示したグラフは、50代の消費支出の内訳の代表例です。一番上は、世帯主が50代の2人以上世帯。2段目は夫婦と子ども2人で長子が大学生の世帯。いずれも教育費の負担があり、長子が大学生の世帯では教育費は消費支出のなんと26・8％にものぼります。しかし、子どもが無事に卒業して自立すれば、教育費の支出はなくなります。つまり、この分を他の支出や貯蓄にあてられるようになります。

3段目は50代男性の単身世帯、4段目は50代女性の単身世帯です。単身世帯は教育費の負担がなく、2人以上世帯に比べて教養娯楽費の比率が高くなっています。

食費には外食を含み、50代男性の単身世帯は外食が多いことで食費の比率が最も高くなっています。どの世帯でも比率が高いのは交通・通信です。電車やバスの運賃、自転車の購入、自動車の購入やガソリン代、そしてスマートフォンなどの通信費の合計です。どの世帯もインターネットやスマートフォンの普及で通信費はここ数年増加傾向です。その他の消費支出には、理美容サービス、介護サービス、交際費、仕送りなどが含まれます。50代単身世帯の女性は、他の世帯に比べて「保健医療」の比率が高くなっています。紹介したデータは50代のみですが、60代、70代と年齢が上がるにつれて、他の世帯も保健医療の割合が高くなります。

一般的な傾向として、教育費は40～50代をピークに子どもの自立によりなくなり、50歳以降は、保険医療、介護サービスが増えていきます。ご自身の家計はどう変化しそうか予想してみましょう。

消費支出の内訳（1カ月あたり）

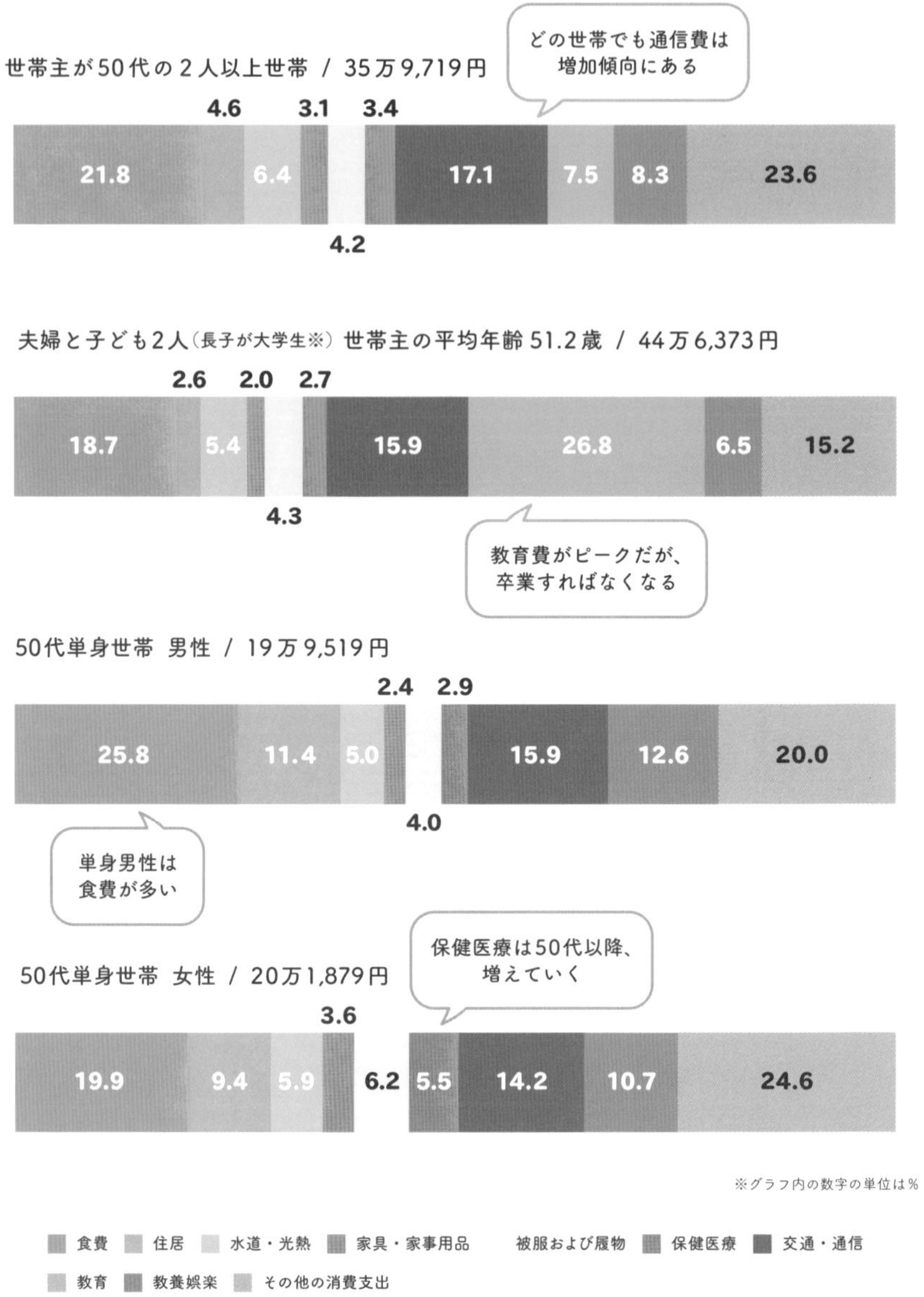

「平成26年全国消費実態調査　結果の概要」をもとに作成。※専門学校生、短大・高専生、大学院生も含む
住居費には住宅ローンは含まない

¥ 生活費を見直す

折り入って相談って いったい何だい
うん 実はね……
毎月の生活費を見直そうと思ったんだけど、いったい何を減らせばいいのかわからなくてさぁ
ヘイ、生2丁!!
毎日ご来店ありがとうございます!
ドン
それは難しい問題だなぁ
グビグビ
でしょう? 減らせるものなんて見当たらないんだよね〜〜〜

家計の構造

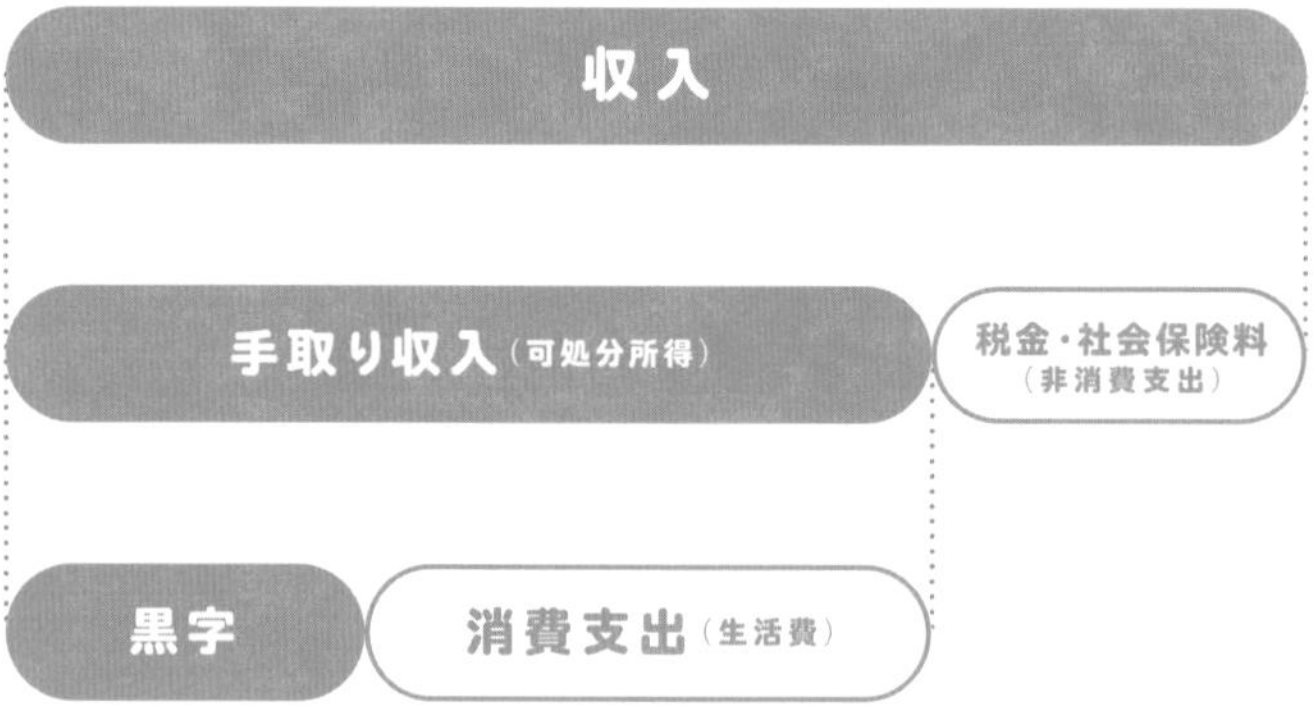

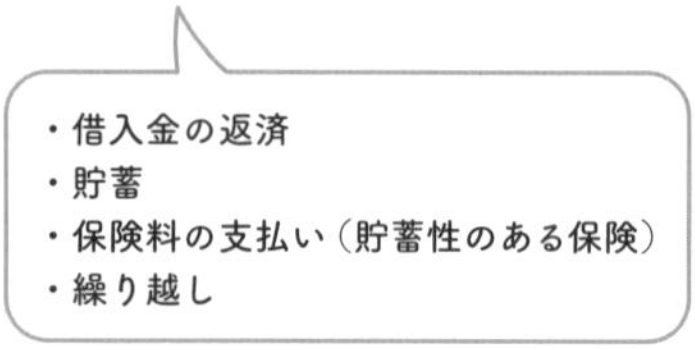

家計の構造を知ろう

34ページのグラフを見て、住居費の比率が低いと感じませんか？　その理由は、50代は持ち家率が高いためです。この調査の住居費は、家賃や住宅の修繕費として支払った費用で、住宅ローンは含みません。ここで家計の構造について確認しておきましょう。

家計は、仕事や年金などから収入を得て、生活のための支出を行います。収入を全部自由に使えればいいのですが、そうはいきません。収入があると税金がかかり、日本に住んでいる＝住民票がある人は、社会保険料を支払う義務があります。これにより老後は公的年金を受け取ることができ、医療費や介護サービス費の負担が軽減されます。会社員は税金と社会保険料を給与から天引きされ、自営業者などは自分で支払います。税金と社会保険料を引いた残りが手取り＝可処分所得となり、自分の判断で自由に使えるお金です。1年間の可処分所得の出し方は16ページで紹介しました。手取り収入（＝可処分所得）からは生活のための支出（＝消費支出）をします。先ほどのグラフは、この消費支出の内訳です。可処分所得から消費支出を引いた残りが黒字ですが、住宅ローンなどの借入金があるなら、この黒字分から返済します。貯蓄や、貯蓄性のある保険の保険料もここから払います。残りは翌月（または翌年）に繰り越されます（上図参照）。

収入が増えても、税金・社会保険料と消費支出がそのぶん増えたら、黒字は増やせません。同じ収入のまま、少しでも資産を増やすには、合法的に税金や社会保険料を減らす、または消費支出を減らすことで黒字を増やし、貯蓄や運用でこの黒字を有効に活用することです。

理想的な貯蓄割合は？

黒字はどれくらいが理想でしょうか？　総務省統計局の「家計調査報告」では、50代の2人以上世帯では、全国平均で可処分所得の31・3%となっています。つまり手取りの7割を生活費として使い、残り3割が黒字。しかし、家計の構造で説明したとおり、この黒字分が全部、貯蓄に回っているわけではありません。50代は住宅ローンの返済が大変で、なかなか貯蓄できない世帯も多いようです。住宅ローンを返済すると、そのぶん、借入金が減少して純資産が増え、家計は改善します。しかし住宅は最も現金化しにくい資産で、値下がりする可能性もあります。住宅ローンを抱える世帯は、繰り上げ返済も視野に入れつつ、金融資産を増やす貯蓄にも黒字分を振り向けることを重視すべきです。

貯蓄に回す割合の1つの目安は、手取りの2割を目標に定期預金や投資信託など金融資産への積み立てを検討しましょう。住宅ローンの返済が終わった、子どもが自立したなど余裕ができたら3割を目標にします。

手取りの2〜3割貯蓄で実現すること

現役時代、手取りの2〜3割を貯蓄すると、どれくらい貯められるでしょうか？手取り金額により違ってくるので、手取りとの比率で考えると、次のようになります。

・手取り年収の2割貯蓄なら

50歳から60歳までの10年で手取り年収の2倍
（0・2×10年＝2）
50歳から65歳までの15年なら手取り年収の3倍
（0・2×15年＝3）

・手取り年収の3割貯蓄なら

50歳から60歳までの10年で手取り年収の3倍
（0・3×10年＝3）
50歳から65歳までの15年なら手取り年収の4・5倍
（0・3×15年＝4・5）

手取り年収の2〜4・5倍の貯蓄があると、どんな効果があるのでしょう？

一般的に、現役引退後の生活費は現役時代の7割程度と言われます。現役時代は手取り収入（＝可処分所得）の7割で生活していて、その7割ですから、5割弱（0・7×0・7＝0・49）に相当します。引退後の生活を支えるのが公的年金による収入ですが、収入には税金がかかりますし、社会保険料の負担は生きている限り続きます。この分を生活費の2割程度と見積ると、生活費と税金・社会保険料を合わせた必要額は6割（0・5×1・2＝0・6）です。このうちどれくらいを公的年金で賄えるかは現役時代の働き方、収入、家族構成により異なります。仮に8割を公的年金で賄えるなら、残り2割を金融資産から取り崩して生活することになり、これは現役時代の手取りの1・2割です(0・6×0・2＝0・12)。

つまり、現役時代の手取り年収の2倍の貯蓄があれば約17年分（2÷0・12＝16・66…）、4・5倍の貯蓄があれば約38年分（4・5÷0・12＝37・5）に相当します。貯蓄の取り崩しで生活がなり立つ可能性がある期間です。

資産運用で得られる利回りや

インフレなどは考慮せず、あくまで現役時代の手取り収入と比較した単純計算です。

引退しても生活費が減らない世帯もあるでしょうし、逆に老後は節約して公的年金の範囲内で暮らすという考え方もあります。ところが想定していたほど公的年金をもらえないケースもあるかもしれません。

実際には、現在の貯蓄額や引退時期、退職給付など、世帯ごとに個別の条件を考慮して計算や判断を行わなければなりません。あくまで、公的年金で足りない分を補う金融資産をどれくらい持っておきたいかを考える際の目安にしていただければと思います。

年金生活の収支はどうなる？

具体的にどれくらい貯めておいたらよいかを計算する方法は、「老後資金を計算してみよう」（55ページ）で紹介しています。理屈は簡単で、公的年金の手取り額と生活費を比較して、不足するなら、そのぶんを貯めておけばいいわけです。公的年金の見込み額は50歳以上ならわかりますし、生活費は現在をもとに予想します。

注意点は、老後も税金や社会保険料がかかることを見落としがちなこと。現在の生活費を把握していないと老後の生活費を予想できないこと。毎月、最低限いくらあれば暮らしていけるかは、今から意識しておきましょう。

不足する期間は、90歳か、できれば100歳まで生きるとして計算すると安心です。

とても貯められそうもない金額になったら対策を考えねばなりません（3章参照）。

会社員の共働きで、夫婦ともに厚生年金をもらう世帯では、公的年金で生活費をまかなえるケースもあります。

現役引退後の年金生活の収支

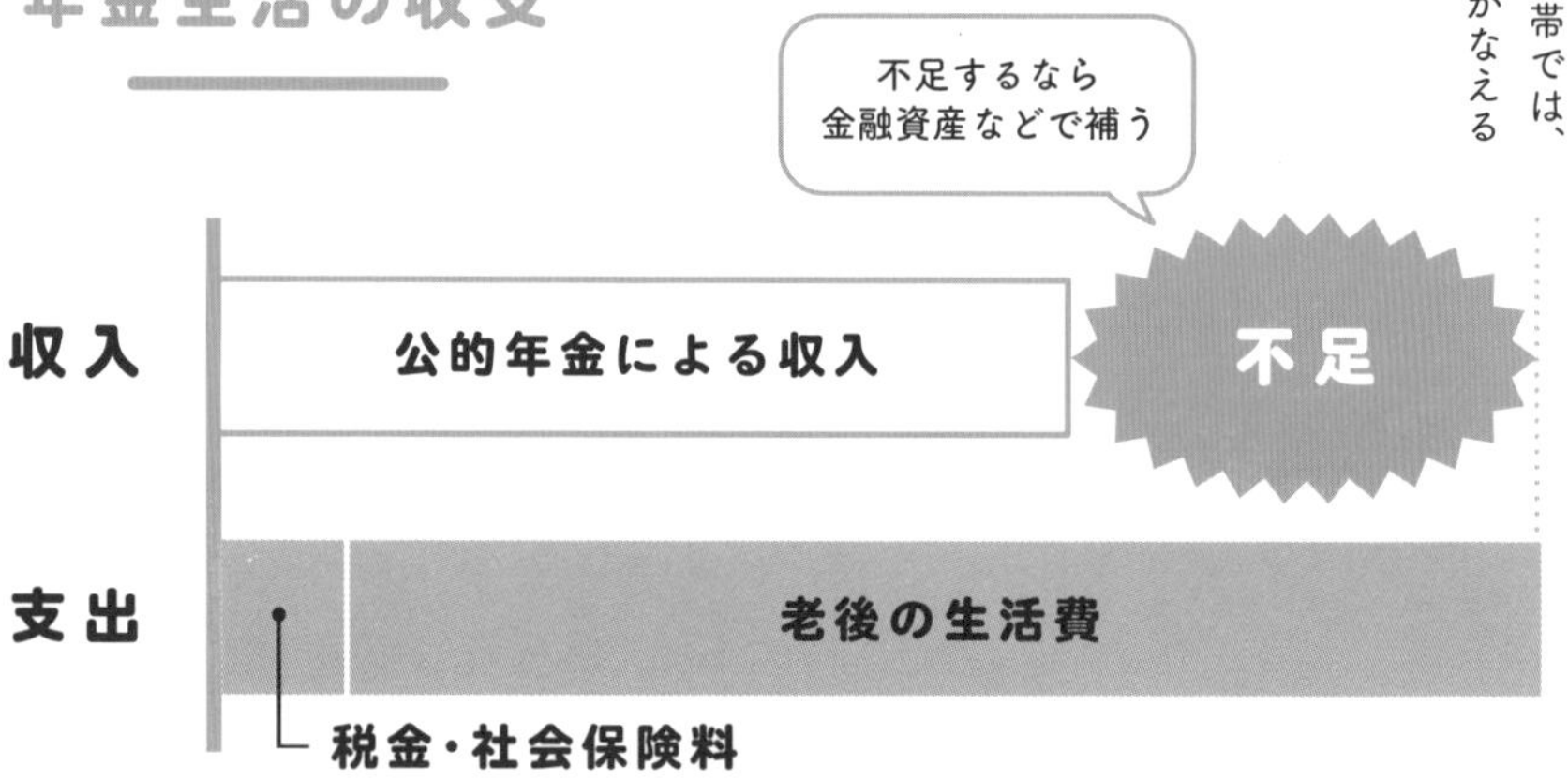

家計簿は費目を少なく

真剣に貯蓄を増やそうと考えるなら、ざっくりでいいので、家計簿をつけることをおすすめします。家計簿が続かない原因に、支出の費目分けの悩みと、面倒なことが挙げられます。50歳からの家計簿は、費目を少なくして、我が家のお金の使い方に合わせるのがポイント。費目が少なければ、そのぶん、つけるのも楽になります。

基本の費目としては次の7つがあります。

- **食費**
- **日用品費**
- **住居費**
- **水道光熱費**
- **通信費**
- **被服費**
- **教養・娯楽費**

これに突発的な支出や金額の張る買物用に特別費を加えます。

世帯により、必要に応じて次の費目を加えます。

- **教育費**
- **車両費**
- **医療費**
- **保険料**

費目分けと具体的な内容を表にまとめました。自分の場合はどうするか、いったん決めて家計簿をつけ始め、つけにくければ、つけやすいよう費目を調整しましょう。

今後もかかり続ける費目といずれ不要になる可能性がある費目の2つのグループに分けておくと今後の計画を立てやすくなります。

50代の代表的な費目の一覧

現役時代も引退後もかかる日常的な費用を中心に。

基本	食費／日用品費	食費・日用品費	日常的な食費とティッシュなどの日用品。 同じお店で一緒に買うことが多いなら、1つの費目にまとめても可
基本	住居費		住宅ローンや家賃に加えて、持ち家の固定資産税、マンションの管理費、 火災保険料など維持費も入れる
基本	水道光熱費		電気、ガス、水道代
基本	通信費		携帯電話、固定電話、プロバイダ料金など
基本	被服費		1点1万円以下の普段着など日常的な被服費
基本	教養・娯楽費		書籍、映画、外食、レジャー費とその交通費もここに
基本	特別費		家電、家具、コートやスーツなど値の張る衣類、冠婚葬祭のお祝い金など。
必要に応じて	教育費		子どもが2人以上なら、1人分ずつ分けて記録
必要に応じて	車両費		ガソリン代の他、自動車保険、税金など車にかかる費用をまとめる
必要に応じて	医療費		医療機関での受診、ドラッグストアでの市販薬。 医療費控除用に領収書やレシートをひとまとめにしておく
必要に応じて	保険料		民間の生命保険・医療保険など掛け捨ての保険料。

子どもがいる人の教育費、車を持っている人の車費など。
子どもの自立や免許の返納で、いずれ不要になる可能性もあるもの。

集計はエクセルや家計簿アプリが便利

　家計簿はつけるだけでは効果はありません。これをもとに家計を改善して貯蓄につなげたり、将来のお金の状況を見通したりすることが目的です。そのためには集計が必須。費目ごとの1カ月の合計を出す。これを合わせて1カ月の支出の合計を出す。さらに継続することで1年間の費目ごとの合計と1年間の支出の合計を出します。手取り収入と支出を比較して収支=貯蓄額を出すことで、家計簿のデータをより有効に活用できます。

　集計は面倒な作業のように思えますが、エクセルや家計簿アプリを使えば、入力するだけで自動的に集計されます。

　市販のノートタイプの家計簿は、余白にメモができる、現物が残るなどのメリットもありますが、自分で電卓を叩いて集計するのが大変ですし時間もかかります。集計を途中で挫折しそうなら、エクセルや家計簿アプリを活用しましょう。仕事でエクセルを使い慣れている人は、自分で費目を決めて計算式を入れ、簡単な家計簿を作ってはいかがでしょうか。

家計簿アプリの仕組み

　スマートフォンやPCに家計簿アプリを導入して使うには、前提として銀行はインターネットバンキング、証券会社はインターネット取引の契約をしていることが必要です。家計簿アプリにそれぞれのパスワードなどを事前に入力しておくことで、自動的に取引履歴を読み込み、一元管理して家計簿として表示できます。クレジットカードの会員専用WEBサービスを契約していれば、これも連携できます。現金の支出は、手入力か、スマホの写真機能でレシートを読み取って入力します。

　自動的に各費目に振り分けられますが、自分仕様に調整もできます。

　多少の誤差は気にせず、まずはざっくり自分の家計の全体像を確認しましょう。

マネーツリー

金融機関は50社まで登録が可能。無料版でもデータの保存期間は無制限。家計管理プラン（月360円）なら費目別の予算設定や、月次レポートも確認できる。家計管理プランでは現金管理は手入力。カメラでレシートを読み取るサービスは、経費精算書を作成する機能を追加した経費精算プラン（月500円）にて対応。画面表示はシンプル。

マネーフォワード

登録した各口座の残高、入出金の履歴などを確認できる。支出は自動的に費目分けされて合計額がグラフで表示されるので視覚的に使いすぎを把握しやすい。閲覧できるデータは過去1年までの無料版と、期間無制限で閲覧できて登録できる口座数も無制限などの有料プレミアムサービス（月500円）がある。

家計簿アプリの有料版の料金はいずれも消費税込みで2020年3月1日現在。

お金の行方
ただいまー
お帰りなさい。おつかれさま♡
定年も近いし、そろそろ年間の収支を見直さないとなぁ
そうねー
それにしても……そんなに派手な生活してないのに銀行預金が少なすぎないか？給料から毎月3万ほど減ってる印象なんだよな〜
なんでさっきからその絵を隠してるの
え!?
べつに
…

50歳からの節約ポイント

50歳からの節約ポイント

まずは1カ月、家計簿をつけて費目ごとの合計を出してみると、意外と使っている費目に気がついたりします。さらに2カ月、3カ月と続けていくと、毎月の支出と、年に数回の支出があることがわかります。年に数回の支出も、毎年必ずあるものと、そうではないものがあります。

残高が合わない、何に使ったのかを思い出せないときは、使途不明金で処理し、多少の誤差は気にせず、これだけのお金を使う価値があったのかどうかという視点で数字を眺めてみましょう。無駄遣いを減らすには、次のような方法があります。

予算を立てる

3カ月ほど家計簿をつけ続けていると、各費目のおおよその金額がわかります。それをもとに予算を決め、その範囲内で使うようにします。

・食費

1カ月で使っている金額をもとに1週間あたりの予算を決め、その範囲内で納まるよう心がけます。

・教養・娯楽費／特別費

1カ月間、1年間の支出の上限を決めておきます。値の張る服、レジャー費を使うときには予算を意識するようにします。家電やパソコンなどは割安な型落ち品などを選んで費用をおさえます。

契約を見直す

継続的な支出を減らせる節約として有効です。

・保険料

子どもがいる世帯も、子どもの成長にともない死亡保障の金額を減らせます。ある程度の貯蓄があるなら医療保障も減らせます。多すぎる保障を減らすことで保険料を削減できます。（144ページ参照）。

・住宅ローン（50ページ参照）

・通信費

プランの見直しや格安スマホの利用で月あたり数千円は安くできる可能性あり。格安スマホは「格安SIMカード」を使うことで料金が安くなる仕組みです。格安SIMカードの会社のサイトでは、現在の通話時間や使用データ量をもとに料金をシミュレーションできるところが多いので、事前に確認をしてどれくらい節約できるのかを調べてみるとよいでしょう。

・水道光熱費

電力の自由化で電力会社を自由に選べるようになり、さまざまなプランが用意されています。多くの事業者のサイトでは、家族の人数や生活状況を入力してシミュレーションできるので節約できるかどうかを確認しましょう。

こうして必要な支出には適切な金額を使いつつ、無駄遣いは減らして、メリハリのある家計にしていきます。

教育費のピークをどう乗り切る？

子どもを授かったのが30代以降の人は、高校・大学への進学という教育費のピークが50歳以降にのしかかってきます。すでに教育資金の準備ができていたり、家計に余裕があるならばよいのですが、そうでない場合は、どうすればこの状況を乗り切れるでしょうか？

まずは子どもが希望する進路と、それにかかる費用を確認します。

よく引き合いに出されるのが、教育費の目安です。公立高校生の保護者が負担した学習費の平均額は3年間で135万円、私立高校生の平均は同312万円。大学の授業料は、国立が4年間で243万円、私立文系が同390万円、私立理系が同531万円（いずれも文部科学省の調査より）。ただし、これはあくまで平均額であり、特に私立大学の授業料は学校や学部による差が大きいのが特徴です。子どもが希望する学校の公式サイトなどで実際の金額を把握し、準備できるかどうかを確認します。また、合格後の入学金や授業料のみならず、受験費用も用意しておく必要があります。

私立高校生への国の支援が拡充される

現在、高校生には「高等学校等就学支援金」という返還不要の国の授業料支援があります。年収約910万円未満の世帯を対象に、国公立の授業料相当額である年間約12万円が支給されます。これにより国公立では授業料はほぼ無償、通学定期代など授業料以外の費用を負担すればよい仕組みです。私立高校ではさらに加算も支給されるので、授業料との差額のみ保護者の負担となります。国公立に比べて授業料が高い私立高校生の保護者の負担を減らすためです。都道府県ごとに設けている独自の支援制度もあります。

2020年4月からは、国の制度である「高等学校等就学支援金」の上限額が引き上げられ、年収約590万円未満の世帯は、私立高校の平均的な授業料の水準（年間約40万円）まで支援が受けられるようになります。

「高等学校等就学支援金」制度の概要
全日制私立高校の場合
＊都道府県において、独自の授業料支援を行う場合があります。

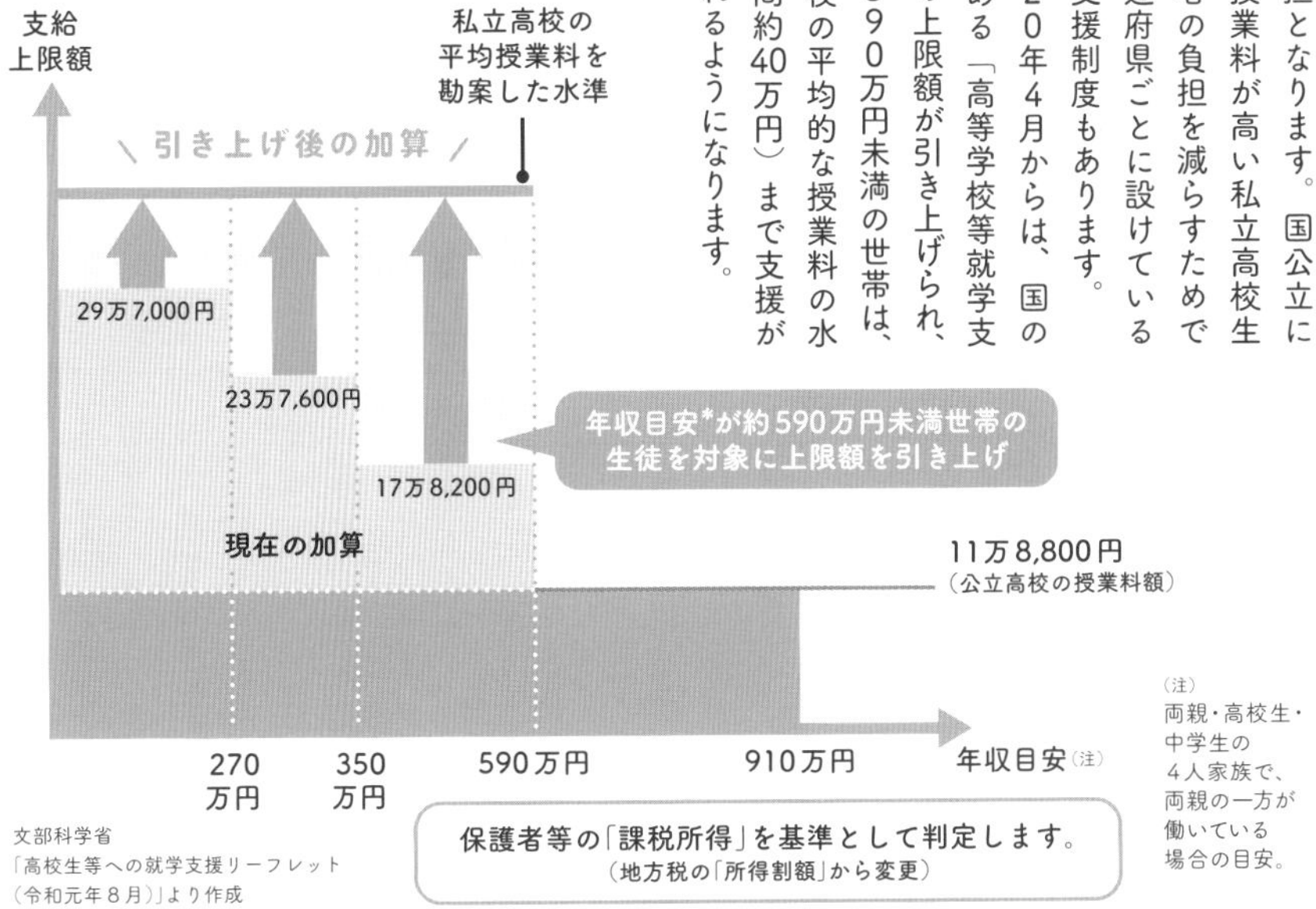

文部科学省
「高校生等への就学支援リーフレット
（令和元年8月）」より作成

大学では奨学金や授業料免除を活用

ここ数年、独自の奨学金を扱う大学が増えています。返済不要の給付型奨学金や、大学によっては成績優秀な特待生には授業料を免除する制度もあります。また、企業や団体、自治体が実施する奨学金もあります。

奨学金は、返済が不要の給付型と、卒業後に返済する必要がある貸与型に分けられます。手持ちの教育資金が足りないときは次の順番で対策を考えます。

1、給付型奨学金や授業料免除
2、貸与型奨学金

給付型奨学金は、大学、財団、自治体、企業などが扱っています。奨学金は、原則、在籍する大学を通して申し込みますが、中には直接、財団等に申し込むケースもあります。

貸与型奨学金で代表的なものは、日本学生支援機構の第一種(無利子)、第二種奨学金です(給付型奨学金もありますが、こちらは低所得者向けです)。高校3年生の時点で、在籍する高校を通して予約採用を申し込むことができます。

インターネット検索などで、まずは給付型の奨学金を徹底的に探してみましょう。

借りるなら教育ローンより奨学金

子どもの将来に関わることですから、教育は重要です。しかし、50歳から新たなローンを抱えるのはおすすめできません。住宅ローンの返済が残っている、子どもを授かったのが遅い世帯ならなおさらです。

公的な教育ローンもありますが、どうしても借りるしかないなら、教育ローンより奨学金を利用しましょう。教育のための借り入れということから、もともと奨学金も公的教育ローンも金利の上限があり、通常の借金より低金利ですが、このところの超低金利は奨学金の金利にも反映されています。

日本学生支援機構の第一種奨学金は無利息で元本の返済のみ。利息がつく第二種奨学金は、例えば、令和元年度10月に貸与終了した人の金利が利率固定方式(=固定金利)で0・067%、利率見直し方式(=変動金利)で0・002%(基本月額部分、日本学生支援機構のサイトより)。しかも在学中は利息はつきません。これに対し、国の教育ローン(日本政策金融公庫の教育一般貸付)は固定金利で1・66%。現在は金利の面で、奨学金の方が有利です。

また、大学卒業後に一定期間、その自治体に事業所がある企業で働いて居住すると返還を支援してくれる(自治体や就職先企業が返還を肩代わりする)自治体もあります。大学院で借りた奨学金は、成績優秀なら返済を免除されるなど、奨学金にはさまざまな支援制度があります。

とはいえ借金であることに変わりはなく、親が借りて返済する教育ローンとは異なり、学生=子どもの名義で借りて、卒業後に本人が返さなければなりませんから、子どもにも覚悟が必要です。

奨学金を利用する場合も入学金と前期授業料の準備は必須

高校3年生で日本学生支援機構の貸与型奨学金の予約採用を申し込み、「採用候補者」になっても、実際に受け取れるのは大学入学後になります。予約採用を申し込んでいない場合は、大学入学後に申し込むことができますが、奨学金の振込み開始は、そのぶん、遅くなります。奨学金は、合格して学生になってから受け取ります。

つまり、受験費用や、合格後に支払う入学金と前期授業料はあらかじめ必要です。これだけは親としてなんとか用意しておきたい。

どうしてもこれら前納金を工面できない場合のみ、国の教育ローンへの申し込みを検討しましょう。合格する前でも申し込みができるので、受験する学校が決まった時点で早めに申し込んでおきます。

また、奨学金とは言え借金に違いはありません。借り入れ額は少ない方がいいので、可能なら授業料の一部でも親が捻出し、どうしても足りない分を奨学金で補うなど、親子で協力する体勢で臨みましょう。子どもが奨学金を借りたとしても、親は教育費の負担や子育てから解放されるわけではありません。

奨学金を借りるには子どもの成績と親の収入に条件があり、国の教育ローンは親の年収に上限があります（下表参照）。年収が高くて国の教育ローンを借りられないにもかかわらず、学費が用意できないとしたら、早急に家計を見直すべきです。国の教育ローンを借りられないなら、民間の教育ローンを借りることになり、金利は通常、国の教育ローンよりも高くなります。

親が借りて親が返す教育ローンは、子どもが高校生でも利用できます。しかし、高校まではその年の収入や手持ちの貯蓄で乗り切るのが鉄則。子どもが借りて子どもが返す日本学生支援機構の奨学金は、大学や専修学校、大学院等の高等教育を受ける学生が対象で、月々の振込みも子ども名義の銀行口座であることが条件です。

国の教育ローン（教育一般貸付）日本政策金融公庫の概要

・子供1人につき350万円まで　・世帯年収の上限：子ども 2 人世帯で年収890万円（所得 680万円）
・返済期間：最長 15 年（在学中は利息のみの返済も可）

日本学生支援機構の奨学金　第一種奨学金（無利息）

区分			貸与月額	学力（1年次の場合）	収入・所得の上限（4人世帯・自宅通学の目安）	
					給与所得世帯	給与所得以外の世帯
大学	国・公立	自宅	2万、3万、4万5,000円	高校2～3年の成績が5段階評価で平均3.5以上＊ ＊低所得世帯はこれを満たさなくても借りることができる	年収742万円程度	所得345万円程度
		自宅外	2万、3万、4万、5万1,000円			
	私立	自宅	2万、3万、4万、5万4,000円		年収801万円程度	所得393万円程度
		自宅外	2万、3万、4万、5万、6万4,000円			

日本学生支援機構の奨学金　第二種奨学金（利息付）

区分		貸与月額	学力（1年次の場合）	収入・所得の上限（4人世帯・自宅通学の目安）	
				給与所得世帯	給与所得以外の世帯
大学	国・公立	2万～12万円の間で選択（1万円刻み）	・高校の成績が平均水準以上 ・特定の分野に特に優れた資質能力がある ・学修に意欲があり、学業を確実に修了できる見込みがある	年収1,096万円程度	所得688万円程度
	私立			年収1,144万円程度	所得736万円程度

「2019年度奨学金ガイド」日本学生支援機構より大学生の場合を抜粋して作成

¥ 保険の見直し

今入ってる保険を見直すべきか、悩ましい
うーん
どんな保険に入ってるの？
火星に置き去りにされたときの保険とか
地球が滅亡したときの保険とか
あー悩ましい
それ絶対だまされてるよ!!
滅亡したらどうやって保険金もらうの!?

50歳からの住まいとお金

これからの暮らしと住まいを考えよう

　人生後半の住まいで、重視したいことは何ですか。下の表に、住まいを選ぶ際の要素をまとめました。自宅で過ごす時間が長くなりそうだから、住み心地が第一の人、外出が多いので交通の便のよさが重要という人、狭くても資産価値が維持できる都心に住みたいと考える人、自然災害に強い家で安心して暮らしたいと思う人……。最も重視したいことは人により異なるでしょう。また、子どもの独立などで家族構成が変われば、住み心地がよいと感じる間取りも変化するでしょう。

　人生が長くなり、50歳以降も、これまでと同じ家で何の対策もせずに最後まで暮らし続けることが難しくなってきています。

　同じ場所の同じ家なら、リフォームや建替えが必要になりそうですし、住む場所そのものを変える人が今後は増えそうです。これまで賃貸で暮らしてきた人が、50歳を過ぎて住宅を買う決断をするケースもあるでしょう。

　住宅は、人生で大きな買物です。購入せずに賃貸の場合も長期間にわたる家賃の累計は相当な金額になります。そして住環境は日々の暮らしを大きく左右します。そのため50歳を過ぎての住まいの選択は慎重にならざるを得ません。しかし、適切な判断と行動ができれば、後半の人生が充実するはずです。

　住まいの各要素について希望を全部満たせれば理想ですが、資産や今後の収入の見込みをもとに優先順位をつけ、少しでも納得がいく選択をしたいですね。

住宅で重視したいことは？

□ 住み心地	住宅の広さ、間取り、水回りの設備、収納、インテリアなど
□ 暮らしやすさ	交通の便、最寄りのコンビニ・スーパー・病院・図書館などの状況
□ 資産価値	価格が下がりにくい場所や建物であること
□ 場所・環境	街中、海の近く、大きな公園の近く、幹線道路から離れている、日当たりがよいなど
□ 安全性	地震、台風などの自然災害に強い建物、場所

住み方の選択肢と費用

49ページの下の図は、今後の住まいの選択肢をパターンで示したものです。それぞれにメリットとデメリットがあり、費用も違ってきます。

1章で紹介した調査によれば、50代は持ち家率が高いので、まずは持ち家のケースから考えてみます。

今の持ち家に ずっと住み続ける

今の持ち家に住むのは、住み慣れた家、地域で暮らせるのがメリットです。ただし、建物は老朽化するので、予算をしっかり考えた上でリフォームや建替えをすることになりそうです。建替えを機に、子どもと二世帯住宅にする、賃貸併用住宅にする、店舗や事務所付住宅にするなど、今後の生活に対応させることも可能です。

最後まで自宅で過ごしたいなら、高齢者が暮らしやすいバリアフリー化のリフォームも検討を。65歳以上で公的介護保険の要介護認定を受けている場合は、リフォーム内容によっては介護保険から支給を受けられます（141ページ参照）。

持ち家を売却して 他の場所に引っ越す

住宅街の戸建てから駅近のマンションへの引っ越し、地方移住や実家のある地域への引っ越しなど、場所と環境を変えることができます。新たな出発ができるわけですね。間取りなども、これからの生活を前提に選べます。ただし、引っ越し先が今の住まいから遠くなるほど、事前に現地の状況をしっかり把握しておかないと、こんなはずではなかったという事態に陥りかねません。不動産価格のみならず、物価の水準、車が必要かどうかなど。

引っ越し先で中古住宅を買ってリフォームをするケースもあるでしょう。現在の持ち家を売却したお金で、転居先の住宅の購入やリフォーム費用を含めた総額をまかなえるなら、支払いの順番により一時的な支出が発生しても、収支のバランスは取れることになります。足りない分を貯蓄から払うつもりなら、予算を決めてそれを守ること。

地価の安い地域への引っ越しにより売却益が見込めるなら、その分を老後資金に充てることもできます。住み替えにかかる費用のみならず、転居後の毎月の収支や年間の収支がどうなるかもシミュレーションしておきたいですね。

自宅の売却に関する税金については150ページを参照。

持ち家から賃貸に変える

持ち家にはメンテナンスが必要です。戸建てなら、水回りや屋根、外壁などの住宅本体に加え庭の手入れなど。マンションなら自宅部分に加えて共用部分の修繕費など。また毎年固定資産税もかかります。

例えば50歳から90歳までの40年間では、持ち家のメンテナンス費用と固定資産税の累計は相当な額になるでしょう。

持ち家を売って賃貸に引っ越せば、今後払うことになるメンテナンス費用や税金が不要になり、売却によりまとまったお金を得られます。その代わり、売却益を自分で管理しながら家賃を払っていくことになります。

リタイア後も、公的年金や企業年金などの定期的な収入で、家賃を含めた生活費をまかなえるなら、持ち家の売却で得られたお金を減らさずに維持できます。取り崩しが必要な場合、その金額は月々どれくらいになるでしょう？　何年くらい、もちそうでしょうか？

持ち家から賃貸に移る際、持ち家を売らずに人に貸して、その家賃収入で自分が住む賃貸を借りる方法もあります。この場合は、入居者を確保できるかどうか、受け取る家賃と払う家賃のバランスが合うかどうかがポイントです。受け取る家賃の方が、不動産業者に払う管理費などを差し引いても上回るなら、差額を生活費などに充てられます。家賃収入は課税の対象なので、税金も考慮して検討します。

いずれの場合も、収支のシミュレーションは必須です。

賃貸から持ち家に変える

終の棲家にすることも見据えて、50歳以降に住宅を購入する選択もあります。安定した収入があり、金融機関の審査を通れば住宅ローンを組めますが、いつまで働くかを考慮して無理のない返済計画を立てることが重要です。金融資産残高と、住宅価格によっては、現金一括購入も選択肢。賃貸では不要だったメンテナンス費や固定資産税を予算に入れて今後の家計収支を考えます。固定資産税は地価に連動するので地価が高いところは高くなります。

ずっと賃貸で暮らす

今後増えそうなのが、生涯ずっと賃貸で暮らすパターンです。1章で50代の持ち家率を紹介しましたが、60歳以上の持ち家率は全国平均で79・8％（総務省統計局「平成25年住宅・土地統計調査」より）。残り20％、つまり5人に1人は賃貸です。賃貸の人の最も大きな不安は、高齢になっても住宅を借りられるか、家賃を払い続けられるかどうかでしょう。

高齢者向けの賃貸住宅（サービス付き高齢者向け住宅51ページ参照）の建設を国が後押しする、高齢者や障害者などの「住宅確保要配慮者」の入居を拒まない賃貸住宅の登録制度が始まるなど、高齢化は社会的な課題という観点から、ここ数年、国や自治体による対策が講じられています。

賃貸のメリットは、持ち家より引っ越しが容易で、収入に応じた物件を選べること。ただし、家賃の上限がおのずと決まってくるため場所や広さには妥協が必要になるケースもあるでしょう。

生涯賃貸の予定なら、可能な限り金融資産を増やしておくことです。

50代の今後の住まいの選択

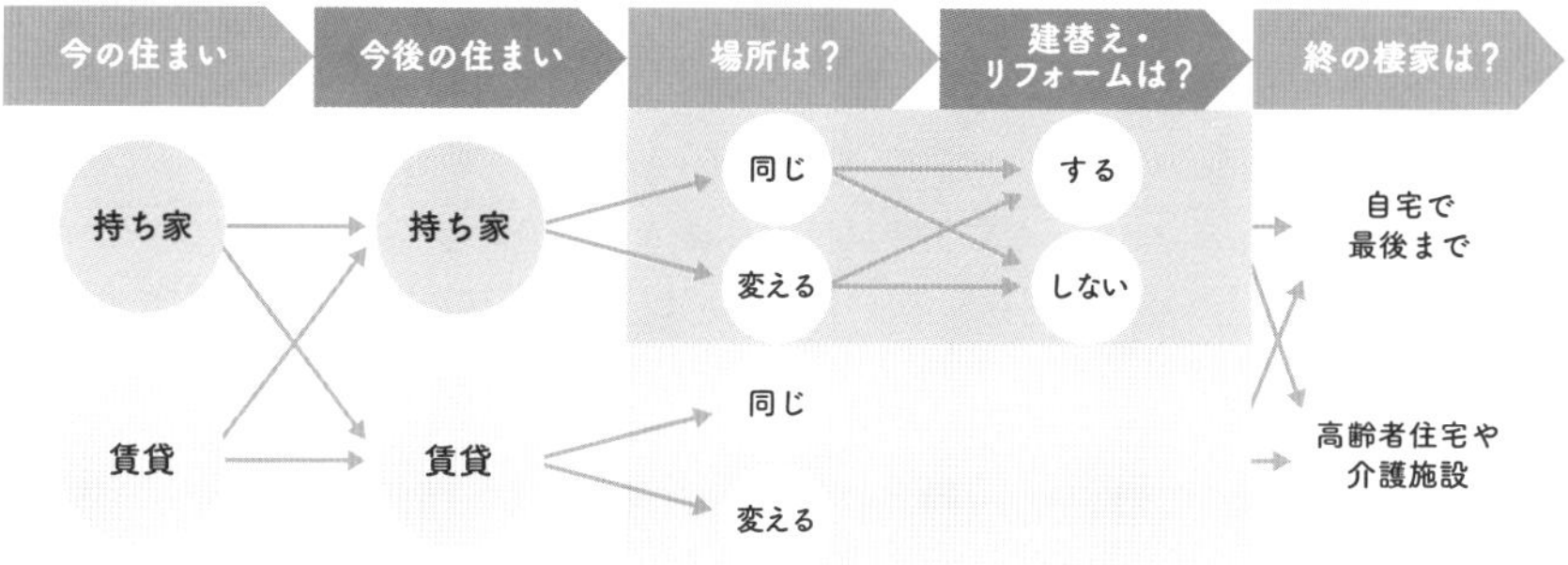

住まいの費用をどうやりくりする?

住み方の選択に関わらず、住まいの費用はずっと発生し続けます。どうやりくりするのが適切なのでしょうか。

今の住まいの住宅ローンが残っている

家計相談をしていると、40歳前後で35年ローンを組み、返済終了が70歳過ぎの人にときどき出会います。

住宅ローンが残っている人は、まず完済の時期を確認。会社員なら定年まで、自営業なら仕事を続ける期間で返し終えられるか。その後も返済が続くなら、繰り上げ返済を行って返済期間を短縮する、退職金で完済するなどを検討。ただし、退職金の多くを使ってしまうと老後資金が足りなくなるかもしれません。継続雇用で働く期間を延ばすなど、今後の収入を増やすことを、マネープランに折り込みたいですね。

かなり以前に借りて金利が2%を超えるなら、金利の低いローンへの借り換えで、利子を減らし返済期間を短縮できる可能性があります。固定金利なら1%前後が目安。先行きが見通せない変動金利より、返済総額が決まっている固定金利がおすすめ。ただし、借り換えには手数料がかかるので事前に確認を。新規借入と同様に審査があります。

50歳からでも住宅ローンを組める?

50歳以上でも、収入などの条件を満たせば住宅ローンを借りることができます。ただし、返済期間や借入額はシビアに考えなければいけません。返済期間は余裕をもって10年程度に、毎月の返済額は無理のない金額に。この2つが決まれば、借入額も限定されますから、これに頭金を加えて購入する住宅の予算を考えます。または、必ず繰り上げ返済できる見込みがあるなら、10年超で組み、当初10年は住宅ローン控除を受け、その後は繰り上げ返済で期間を短縮します。

持ち家のリフォームや建替えにはリバースモーゲージ型住宅ローンという50歳以上の人や60歳以上の人に限定した住宅ローンがあります。持ち家を担保として借り入れを行い、生きている間は利息の返済のみ。元本は本人が亡くなったときに不動産を売却して返済し、残金は相続人が受け取ります。借りたお金は、住み替え、リフォーム、建替え、高齢者向け住宅の入居一時金などに使うことができます。詳細は85ページ。

ずっと賃貸なら家賃をどうする?

賃貸住宅は、民間、公営(自治体などの運営)、都市再生機構(UR)・公社の大きく3つに分けられます。現役世代は民間住宅が多く、60歳以上は公営やUR・公社が多いそうです(日本の住宅・土地－平成25年住宅・土地統計調査より)。

公営住宅には、家賃が低く設定され、収入が一定以下の人が入れる物件があります。収入が公的年金だけになったら、公営住宅は選択肢の1つ。

また民間住宅で、高齢者などの「住宅確保要配慮者」の入居を拒まない賃貸住宅は、「セーフティネット住宅情報提供システム」から検索できます。「死亡するまで住み続けられる賃貸住宅の制度」(終身建物賃貸借事業)を認定する制度もできました。

高齢になっても、公的年金等の

収入で、家賃と生活がまかなえれば、毎月の収支は成り立ちます。自治体の相談窓口も活用しながら、払える家賃で、少しでも暮らしやすい住宅を確保しましょう。

高齢者向け住宅の選択肢と費用

人の助けを借りずに暮らせる「日常生活に制限のない期間」を健康寿命といい、厚生労働省の研究では、平均寿命との差が10年前後あるそうです。あくまで平均ですから、最後まで元気で暮らす人もいるでしょう。できれば健康寿命を少しでも延ばし、人の手を借りる期間を短くしたいですね。

ただし、誰かの助けが必要になったとき、どうするかは、あらかじめ決めておいた方がいいでしょう。日本には公的介護保険制度があります。詳しい制度の概要は5章「50歳からの備え方・守り方」で紹介しますが、介護サービスは自宅で受ける方法と施設で受ける方法があります。介護サービスを利用しながら最後まで自宅で暮らしたいのか、施設に入居するのか。

自宅で過ごす場合は、公的介護保険の自己負担は1〜2割。介護度と介護サービスの内容にもよりますが、支払いの目安は月に数千円から5万円程度。一方、介護施設にはさまざまなタイプがあり、費用は大きく異なります。

マネープランを考える際の参考になるよう、ここでは、代表的な高齢者向け住宅の種類と特徴、費用の目安を表にまとめました。高齢者向け住宅に入居する場合は、必ず複数の施設を見学し、費用と支払い方法を確認。外部の介護サービスを利用する施設では、そのぶんは別途、自己負担、食事は提供されるけれど別料金のケースもあります。

高齢者向け住宅や施設の種類と特徴

種類	特徴	費用の目安	要介護度
サービス付き高齢者向け住宅	高齢者が暮らしやすいバリアフリー構造の賃貸住宅。安否確認などの見守りサービスがある。介護サービスは原則、外部の事業者を利用する。	家賃形式。入居時に敷金を払う。家賃は地域により月数万円〜30万円程度。	自立または軽度の介護（どれくらいの介護状態まで受け入れるかは施設による）
ケアハウス（軽費老人ホーム）	収入に応じてさまざまな介護を受けながら自立した生活ができる福祉施設。	月5〜20万円。	要支援から要介護5まで
有料老人ホーム	介護は別契約で外部のサービスを使う健康型と、施設スタッフが介護まで行う住宅型がある。	民間企業の運営なので、場所、施設、サービス内容により幅がある。前払い方式、月払い方式、併用など。一時金が数千万円の施設もある。	元気なうちに入居し、介護が必要になったらサービスを受けるなど、自立から要介護まで施設により異なる
特別養護老人ホーム（特養）	入居は、ひとり暮しで要介護度が高い人が優先される福祉施設。食事、入浴、排泄などの介護、機能訓練などを行う。	要介護度により利用料は異なる。月5〜15万円。低所得者向けの軽減制度あり。	原則、要介護３以上
認知症高齢者グループホーム	認知症の高齢者が少人数で家庭的な共同生活を行う。介護サービスは施設スタッフが行う。	民間の施設だが、その自治体に住民票がある人だけが入れる地域密着型。月10〜20万円。	要支援２以上

¥ 持ち家か賃貸か

へー新築か
いいねー
でも、持ち家か賃貸かって悩んじゃうなぁ
どっちもメリットデメリットあるからね
ぼくはイメージでは賃貸がいいかなー
イメージ？
カタツムリよりもヤドカリの方がかわいいもん♡
ヤドカリは賃貸
カタツムリは持ち家

CHAPTER

03

¥

50歳から資産や収入を増やすには

若い頃は、可能性が大きい分、将来の不確実性も大きいものです。
50歳以降は、ある程度、先が見えてくる代わりに、
現実的な計画を立てやすくなります。
しかも、もうひとふんばりする時間と気力がありますから、
資産や収入を増やせる頑張りどきです。

老後資金は2000万円必要？

公的年金額と生活費

2019年6月以降、テレビや新聞で話題になった「老後資金2000万円問題」を覚えていますか？　金融庁の報告書に記載された数字が大きな波紋を呼びました。老後資金2000万円の根拠は何でしょうか？　計算式はごく単純です。

家計調査によれば、高齢夫婦の無職世帯は、毎月約5万5000円の赤字。これが30年続くと約2000万円(5万5000円×12カ月×30年＝1980万円)。だから、赤字を埋めるための老後資金を若い頃からコツコツと準備しておきたいというのが報告書の趣旨です。

老後資金って、そんなに簡単に計算できるの？　と思われたことでしょう。ざっくりとなら、これでOKです。多くの人は、老後の収入のほとんどは公的年金ですね。つまり、公的年金で生活費をまかなえるならトントン。まかなえないなら、赤字分に、生きる年数を掛ければ、老後資金を計算できます。

この方法だと、赤字額が変われば、必要となる老後資金も変化することに気がつかれたと思います。赤字が多いほど、老後資金もたくさん必要になります。そして赤字額を確認するには、公的年金額と生活費の数字が必須です。報告書では、いずれも日本全国の平均値です。自分の老後資金を計算するには、自分の数字を使わねばなりません。

自分の公的年金額と生活費、わかっていますか？　公的年金額は18ページで紹介したとおり、「ねんきん定期便」に見込額が記載されています。老後の生活費は、現在の生活費から推測できるでしょう。現在の生活費を把握する方法は32ページで紹介しました。

ザックリとつかんだ後、自分の状況に合わせたマネープランに落とし込むには、もう少し計算を加えます。2章のマネープランで50歳からやりたいことを考えましたよね。毎月の生活費以外にも、プラン実現にお金が必要なら、そのぶんも考慮しなければなりません。また、会社員は退職金や企業年金をもらえるケースが多いのでこれも計算に入れたいです。

老後資金はこう計算する

まずは、生活費が公的年金でまかなえるかどうかを確認します。50歳以上の人が受け取る「ねんきん定期便」に記載の見込額は年額です。老後も税金や社会保険料の負担は続き、一定額以上の年金を受け取る人は年金から天引きされるので、税金と社会保険料の合計を15％と見積り、手取りは85％とします。

生活費は、現在の支出をもとに推測しますが、子どもがいて大学の授業料などを払っているなら、この分を差し引きます。39ページで、家計簿をつける際の費目をご紹介しました。基本の費目と、老後も必要となりそうな費目の合計をもとに、自分で決めてください。ずっと賃貸住宅で暮らす予定の人は家賃を含めることを忘れないように。一般的には現在の7～8割が目安です。生活費の年額を出して下さい。

公的年金の手取り額から生活費を差し引くとどうなりますか？

赤字が出るなら、この分を自分が生きると思う年数分、貯めておく必要があります。図では65歳で老後生活が始まり100歳まで生きると仮定しました。夫婦の場合は、公的年金額は2人分を合算します。年齢差がある夫婦は、年金をもらい始める時期がずれるため、厳密には年齢を反映させた方がいいのですが、ここでは年齢差は考慮しません（公的年金の受け取り方は4章で解説します）。生活費の不足分をBとします。

生活費以外の支出も考慮

次に、特別支出や予備費を計算します。大きな病気やけがをしたときの医療費、住宅のリフォーム代、旅行など楽しみの費用、高齢者向け住宅の入居費用など、生活費以外にかかる費用も準備しておきたいですね。

この金額は人によってかなり差がつくでしょう。Cにご自身が準備しておきたい金額を入れてください。

準備しておきたい老後資金はBとCの合計金額です（図参照）。さらに次の計算（次ページ）があります。次が重要です。

老後資金の算出方法

老後資金を計算してみよう

STEP 1 日々の生活費

手取り収入（年額） － 生活費（年額） ＝ 年間収支 A

手取り収入：公的年金見込額の85％
公的年金からは税金・社会保険料を引かれるので、手取りは85％で試算

生活費：現在の生活費から予測

Aがマイナスなら、これが1年間で足りない金額

Aが-30万円ならA′=30万円として計算

A′×（100歳－65歳）＝ B 100歳まで生きた場合の生活費の不足分

Aがほぼゼロなら…
生活費は年金でまかなえる。ただし、インフレが起きると足りなくなる可能性もある。予備費を準備しておく

Aがかなりのプラスなら… 生活費は年金でまかなえる

STEP 2 特別支出や予備費

C：大きな病気やケガをしたときの医療費、住宅のリフォーム代、旅行など楽しみの費用、高齢者向け住宅の入居費用など

よって、準備しておきたい老後資金 ＝ B ＋ C

これから貯めたい金額

最後に、これから貯めたい金額を計算します。すでに老後資金の一部が貯まっている、勤務先からの退職給付があるなら、準備しておきたい老後資金から、これらを引くことができます。次の数字を確認してください。

現在の貯蓄残高のうち、子どもの教育費など使い道が決まっている金額を除いた、老後資金に使える残高。会社員は勤務先の退職給付の総額。退職給付に確定拠出年金が含まれているなら、企業型は会社が掛金を出すので定年退職までの掛金の累計額を使います。自営業者で、個人型確定拠出年金（iDeCo＝イデコ）など退職金代わりになる制度に加入しているなら、掛金は自分で出すので現在の残高を使います。会社員、公務員、主婦（夫）で個人型確定拠出金に加入している人も、現在の残高で計算します。

住宅ローンなどの借り入れがあり、65歳以降も返済が続くなら、65差時点の残高を確認します。

貯蓄残高と退職給付を足し、ここから住宅ローンなどの負債を引いたものが、65歳時点で手元にある金融資金です。準備しておきたい老後資金から、これを引くと、これから貯めたい金額が計算できます。

50歳以降から貯めたい資金額の計算例

これから貯めたい金額

＝

準備しておきたい老後資金 ← 前ページ（老後資金の算出方法）のB＋C

－

現在の貯蓄残高*＋退職給付**－65歳時点の住宅ローン残高***

* 教育費など65歳までに支払う予定の金額は差し引く
** 退職給付は一時金（退職金）と企業年金を合算した総額。確定拠出年金に加入している場合は、企業型は定年退職までの掛金累計額、個人型は現在の評価額
*** 65歳時点で残っている住宅ローン残高があれば差し引く

自分の貯蓄目標を決める

これから貯めたい金額はいくらになりましたか？

共働きなので公的年金で生活が成り立つ、かなりの貯蓄があり住宅ローンも終わるから、老後資金の準備はできているとわかった人もいるでしょう。

一方で、これから貯めるのはとても無理と思われる金額になった人も多いかもしれません。貯めるのが無理な金額が出てきた場合は、老後の生活費の設定を下げる、特別支出を減らすなど、支出を減らして調整する方法と、働く期間を延ばして今後の収入を増やしつつ、老後の始まりを遅らせることで老後資金が必要な期間を短縮して調整する方法があります。状況によっては複数の方法を併用し、少しでも自分が思い描くプランが実現できるようにシミュレーションを行ってから、現実的な貯蓄目標を立てましょう。

56、58ページの図は、これから貯めたい金額の計算例です。老後が始まるまでに、いくら貯めておきたいか、自分の貯蓄目標を設定してください。

¥

老後資金

老後資金に
2千万円必要って、
そんなに
今から
貯められ
ないよ……
はぁ
まったく
だね～
そもそも
2千万っていう
金額の
根拠が
不明だ
よね
……
ペラペラ
ペラ
ペラペラ
ペラ
さては、2千万円
すでに貯めてる
だろ!
その
余裕
いやいや
ぜーんぜん

これから貯めたいお金の計算例（実例）

日々の生活費	**公的年金見込額の85%** 月22万円　年間264万円　A＝264万円－324万円＝－60万円 **生活費** 月27万円　年間324万円　B＝60万円×（100－65）＝2,100万円
特別支出や予備費	1,500万円　C＝1,500万円
準備しておきたい老後資金	B＋C＝2,100万円＋1,500万円＝3,600万円
現在の貯蓄残高（老後資金に使える分）	900万円
退職給付	1,800万円
65歳時点の住宅ローン残高	100万円
65歳までに貯めておきたいお金	3,600万円－（900万円＋1,800万円－100万円）＝1,000万円

貯蓄目標額　1,000万円

右の計算例を参考に書き込んでみよう

日々の生活費	公的年金見込額の85% 月　　　年間 生活費 月　　　年間
特別支出や予備費	
準備しておきたい老後資金	
現在の貯蓄残高（老後資金に使える分）	
退職給付	
65歳時点の住宅ローン残高	
65歳までに貯めておきたいお金	
貯蓄目標額	

¥ 税金こわい

資産をつくるために金融商品を買いたい〜〜!
でも税金を取られるのがこわくて買えない〜〜!!
そんなこと言ったら消費税もこわくて何にも買えないね
本当だ、もう何にも買えない!!
ボクは空気だけ吸って生きていきたい〜〜
フランスのルイ15世の時代には空気税が提案されたそうだよ
さすがに実施はされなかったけど
ひ〜〜っ! 税金こわい 税金こわい

50歳から1000万円貯めるには

毎月の積み立て額を考える

例えば50歳から1000万円を貯めたいなら、どうすればいいでしょうか？

下の表は、10年後、15年後にいくら貯まるかを、毎月の積み立て額で計算したものです。毎月3万円なら、10年後には360万円、15年後には560万円。1000万円には届きません。ボーナスから1回10万円を年に2回追加できると、15年後には840万円となり1000万円に近づきます。毎月の積み立てを5万円にできれば、ボーナスなしでも15年後には900万円貯まります。現在、毎月3万円の積み立てをしている人なら、家計を見直して、あと2万円を捻出して5万円にできれば900万円貯まるということです。

時期によって毎月の積み立て額を変えてもよい

毎月同じ金額を積み立て続けられればよいのですが、子どもの教育費がピークで厳しい時期もあるでしょう。家計には、貯

1,000万円を貯めるプラン

毎月	ボーナス（年2回）	10年後（60歳）	15年後（65歳）
3万円	—	360万円	540万円
3万円	10万円	560万円	840万円
5万円	—	600万円	900万円
5万円	10万円	800万円	1,200万円
7万円	—	840万円	1,260万円
7万円	10万円	1,040万円	1,560万円

めにくい時期と、貯めやすい時期がありますから、収支の状況に応じて毎月の積み立て額を変更し、緩急をつけることも検討します。

どんなペースで積み立てができそうか、ご自身の場合を考えてみましょう。

例えば、50代からの10年で1000万円貯めたい場合、55歳以降は、子どもの教育費がかからなくなるから貯蓄のペースを上げられるというケースなら、当初5年間は、毎月3万円、ボーナスから15万円を2回で330万円、残り5年間は倍額を積み立てれば660万円で合計990万円になります。

65歳までの15年で1000万円貯めたい、ただし60歳の定年退職後は継続雇用で収入が減るケースなら、60歳までは毎月5万円にボーナスから1回10万円で800万円、60歳から65歳までは毎月3万円、ボーナスからはなしで180万円、合計980万円になります。

利息は考慮せず、元本だけで貯まる金額です。積み立てのペースを考えるときに参考になるのが、家計簿（39ページ）です。大きく減りそうな費目、減らせそうな費目はないか確認を。大学の学費は年間約60万円から100万円を超すところもあります。車の維持費は税金やガソリン代などでやはり年間数十万円以上。これからの生活を想像しながら、貯蓄に回せる分があるなら積み立てましょう。

貯蓄が計画通りに進んでいるか、1年に一度は資産の総額（29ページ）を確認します。

50歳からの金融商品リスト

先ほどの1000万円貯める例は、利息は考慮せず、元本だ

個人向け国債	投資信託	株式
銀行や証券会社など	銀行や証券会社など	証券会社
3年もの、5年ものは固定金利、10年ものは変動金利。毎月、発行。変動金利は金利上昇が反映される	株式や債券に分散投資を行う。投資先によりさまざまな種類がある。預金より増える可能性がある	東京証券取引所に上場された株式は約3,600社。証券会社を通して、株式市場で購入する
金利の下限が決まっていてる(0.05%)。購入後1年経てば中途解約しても元本割れしない	1万円程度から購入でき、積み立てで購入すれば、価格変動のリスクを低減できる	株主は配当金を受け取れる。値上がりした時点で売れば売却益を得られる
積み立てにはできず、毎月、購入の申し込みが必要。利子は単利で、複利運用の効果はない	経済や為替の動向により大きく元本割れするリスクもある。長期の運用が鉄則	業績悪化などで株価が下がる、配当金が出ない会社、年もある
定期預金がまとまった金額になったら、半年ごとに金利が変更される10年ものを購入する	利益にかかる税金が非課税になる「つみたてNISA」や「iDeCo」(個人型確定拠出年金)で積み立てる	配当金や売却益が非課税になる「NISA」口座で購入する。または株式を積み立てにできる株式累積投資(るいとう)など

けの金額です。どんな金融商品を使うかにより、増え方、増えたお金にかかる税金が異なります。ここでは、50歳からの貯蓄に向く金融商品を紹介します(表を参照)。

会社員の場合、勤務先に財形貯蓄が導入されているなら、どこの金融機関と提携し、どんな金融商品が使えるか確認してください。通常は提携先が銀行なら預金、保険会社なら保険です。積み立てる目的別に、使い道自由な一般財形、住宅資金用の財形住宅、老後資金用の財形年金の3種類があります。一般財形は、年齢制限や上限額はありません。その代わり税金の優遇もなし。財形住宅と財形年金は、貯めたお金を住宅購入や老後の年金として使うと利子にかかる税金が非課税になります。いずれも満55歳未満の人が申し込めて、積み立て期間は5年以上。非課税限度額は、預金を使った場合、それぞれ元本で550万円まで。財形住宅と財形年金は併用できますが、その場合の非課税限度額は合算した金額で元本550万円までとなります。

会社員、自営業にかかわらず利用したいのが銀行の定期預金です。

まずは、財形貯蓄や定期預金の積み立てで着実に元本を貯めていくことをおすすめします。すでに一定額の円預金がある人なら、つみたてNISA(ニーサ)やiDeCoの口座を使った投資信託の積み立ても検討を。

投資信託ではなく株式を購入したい場合は、一般のNISA口座を使います。つみたてNISAとNISAは選択制なので、どちらかを選びます。

定期預金の金利が低いのはうれしくないけど、元本割れのリスクがある投資はイヤだという

50歳からの貯蓄に向いた金融商品

	財形貯蓄	定期預金
申し込み先	勤務先	銀行
特徴	勤務先が提携する金融機関の商品から選んで積み立てる。一般財形、財形住宅、財形年金の3種類	預入期間は1カ月、3カ月、1年などから選ぶことができ、通常、満期まで金利が変わらない固定金利
メリット	給与天引きなので、一度申し込むと自動的に貯まる。財形住宅と財形年金は、利息にかかる税金が非課税	金利は低いが元本割れすることなく確実に貯まる。自動積み立てにすれば、手間を掛けずに貯まる
注意点	財形住宅と財形年金は加入時に満55歳未満の人、非課税枠には上限あり(預金は元本550万円まで)	金利が低いので、まとまった金額になったら、次の金融商品への預け替えも検討したい
使い方	自宅の購入やリフォームの予定があるなら財形住宅、老後資金の準備なら財形年金を	給与振込みの銀行口座で自動積み立て定期預金の申し込みを。家計に余裕ができたら、毎月の積み立てを増額する

人は、個人向け国債の変動10年なら、定期預金よりも金利が高く、半年ごとに金利が変更されるので、今後、金利が上がったときには預け替えをしなくても金利上昇の恩恵を受けられます。

押さえておきたい金融商品の税金

お金が増えても、手取りは原則8割弱

お金が増えると、増えた部分が収入と見なされ所得税と住民税がかかります。

税率は、所得税15%、住民税5%、復興特別所得税0・315%の合計で20・315%。つまり増えたお金のうち手取りは約8割です。

定期預金の利子は、源泉分離課税といって銀行が税金の分を差し引いて代わりに納めてくれる仕組みで、手取りの利子を受け取ります。

投資信託や株式投資の運用で増えたお金（売却益、配当金、分配金）にかかる税金は、金融機関に納めてもらう方法（特定口座の源泉徴収あり）と、自分で確定申告して納める方法（一般口座）があります。専用口座を開設して投資する「つみたてNISA」や「NISA」は、税金がかからないので、増えた分を全部受け取ることができます。

復興特別所得税0・315%は2037年までの期間限定で課される税金なので、2038年以降は、所得税と住民税の合計20%になる予定です。

非課税口座を賢く使う

金融商品を使って、せっかくお金を増やしても一定割合の税金を引かれてしまいます。しかし、税金がかからない人や、税金がかからない制度、口座があるので、利用できるものであれば活用するに越したことはないですね。

・定期預金の税金がかからない人

身体障害者手帳の交付を受けている人、障害年金をもらっている人、遺族年金や寡婦年金をもらっている人は、元本350万円まで非課税。銀行に書類を提出して利用します。

・財形住宅、財形年金

勤労者が財産を形成するための制度なので、勤務先に導入されていれば、正社員のみならずパートや派遣社員なども継続して雇用関係が見込まれる場合は利用できます。ただし、目的外（住宅資金や年金以外）の引き出しは、5年をさかのぼって課税されます。とはいえ、5年より前の利子は非課税です。ハッキリとは決めていないけど、将来リフォームする可能性があるなら財形住宅を、老後資金の準備なら財形年金を選びましょう。いずれも申し込めるのは満55歳未満。制度があるのに使っていないなら、ぜひ検討してください。

・つみたてNISA、NISA

投資信託や株式投資で増えたお金にかかる税金が非課税に。投資するなら利用したいですね（詳細は65ページ）。

・iDeCo

増えたお金にかかる税金が非課税になるのみならず、掛金の所得控除により現役時代の税金も節税できます（詳細は69ページ）。60歳以降の受け取り時の税金については167ページ参照。

50歳からの「つみたてNISA」「NISA」活用法

NISAは3種類あります。50歳から自分の老後資金を準備するために利用するなら「つみたてNISA」か「NISA」。子どもや孫が19歳以下で、しかも金融資産がたくさんあって相続税対策をしておきたいなら「ジュニアNISA」が向いています。

この本では、「つみたてNISA」と「NISA」を説明します(図を参照)。

いずれも期間限定の制度です。併用はできず、どちらかを選んで利用します。

投資信託を積み立てる「つみたてNISA」

2018年に始まった「つみたてNISA」は、2037年まで口座開設が可能で、年間40万円まで投資できます。名前の通り、買い付け方法は積み立てのみ。毎月の積み立てが一般的ですが、金融機関によりボーナス月は増額できるなど積み立ての選択肢には違いがあります。利用できるのは、手数料や過去の運用実績をもとに金融庁が採用した投資信託とETF。いわば金融庁のお墨付きですが、だからといって値下がりのリスクがないわけではありません。また、「つみたてNISA」を取り扱う金融機関では、対象商品からそれぞれにラインナップを決めています。1年あたりの非課税枠はNISAに比べて少ないけれど、非課税期間が20年と長く自動的に積み立てになるので、投資初心者に向いています。コツコツと積み立てて老後資金の準備に使えます。20年経つ前に売

「つみたてNISA」と「NISA」の特徴

	つみたてNISA	NISA
口座開設ができる期間	2037年まで	2023年まで
利用できる金融商品	専用の投資信託・ETF	株式、投資信託、REIT、ETF
税金の優遇	分配金や売却益にかかる税金が非課税	配当金、分配金、売却益にかかる税金が非課税
非課税期間	購入した年から20年間(売却はいつでも可能)	購入した年から5年間(売却はいつでも可能)
1年あたりの非課税限度額(元本)	40万円	120万円
特徴	金融庁が採用した投資信託およびETFの173本*から選んで積み立てる。	株式、投資信託、REIT、ETFと利用できる商品の幅が広い。1回での購入、積み立ていずれも可能。

*つみたてNISAの対象商品の本数は2019年10月1日現在

りたくなったときは、売却も可能です。

株式も買える「NISA」

2014年から始まったNISAは2023年まで。1年あたりの非課税枠は120万円。投資した年から5年間、非課税です。専用商品が決まっている「つみたてNISA」より、商品の幅が広いのが特徴。株式投資をしたいなら、「NISA」です。

ある程度まとまった資産があり、一部を運用したい場合に向いています。株式などの配当金や分配金を受け取る投資も「NISA」なら非課税です。非課税で受け取るには、「株式数比例配分方式」を選択します。5年経つまえに、株や投資信託が値上がりして売りたくなったら、いつでも売ることができます。売らないまま5年間が過ぎたら、非課税ではない通常の証券口座に自動的に引き継がれます。引き継いだ課税口座では、引き継いだ時点の評価額が元本の扱いになるので注意が必要です。値下がりした状態で課税口座に引き継がれ、その後値上がりすると税金がかかります。ある程度値上がりしているけれど先行きが不安なら、非課税期間中に売却してもいいかもしれません。

NISAの運用イメージ

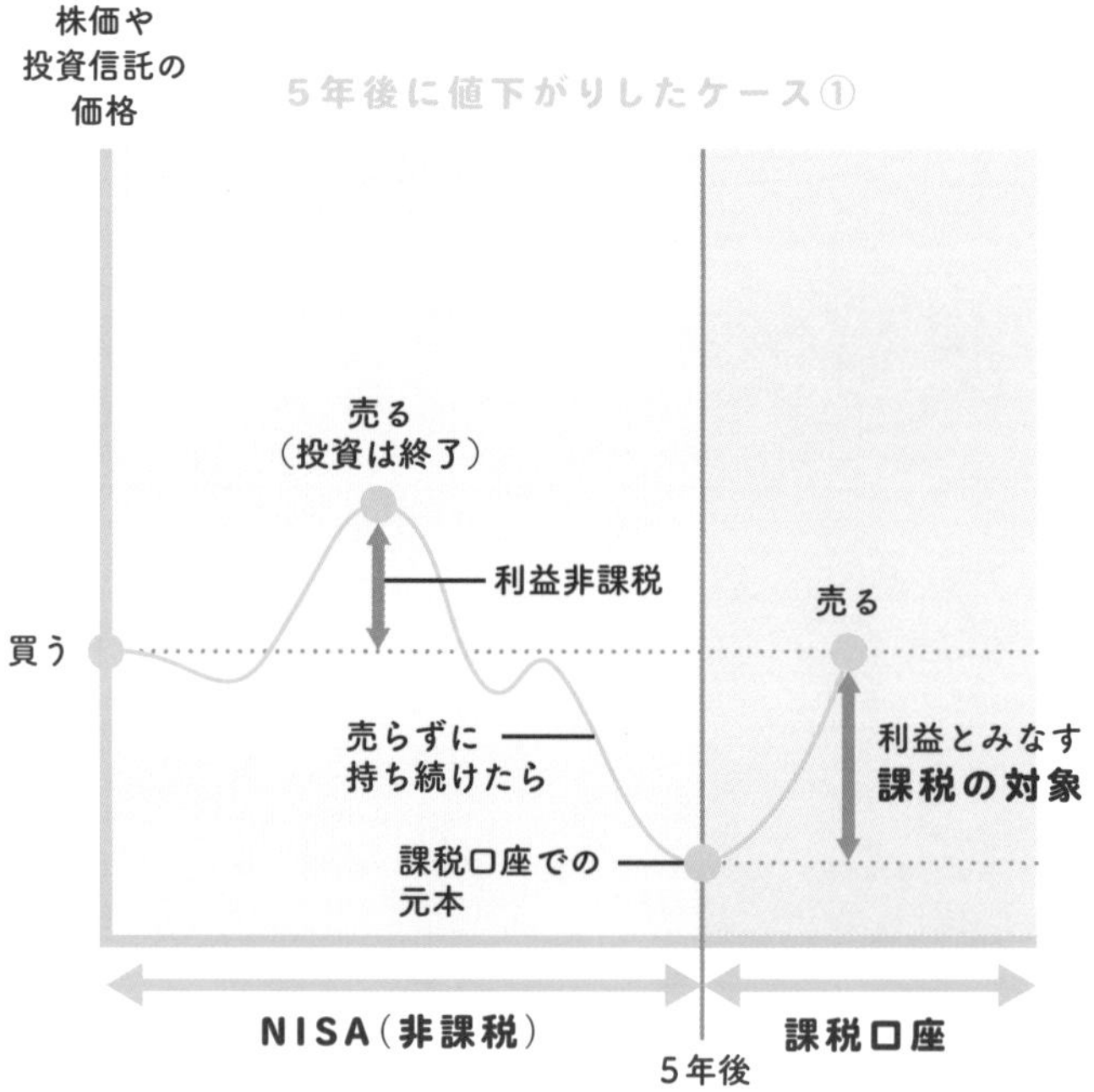

NISAの運用イメージ

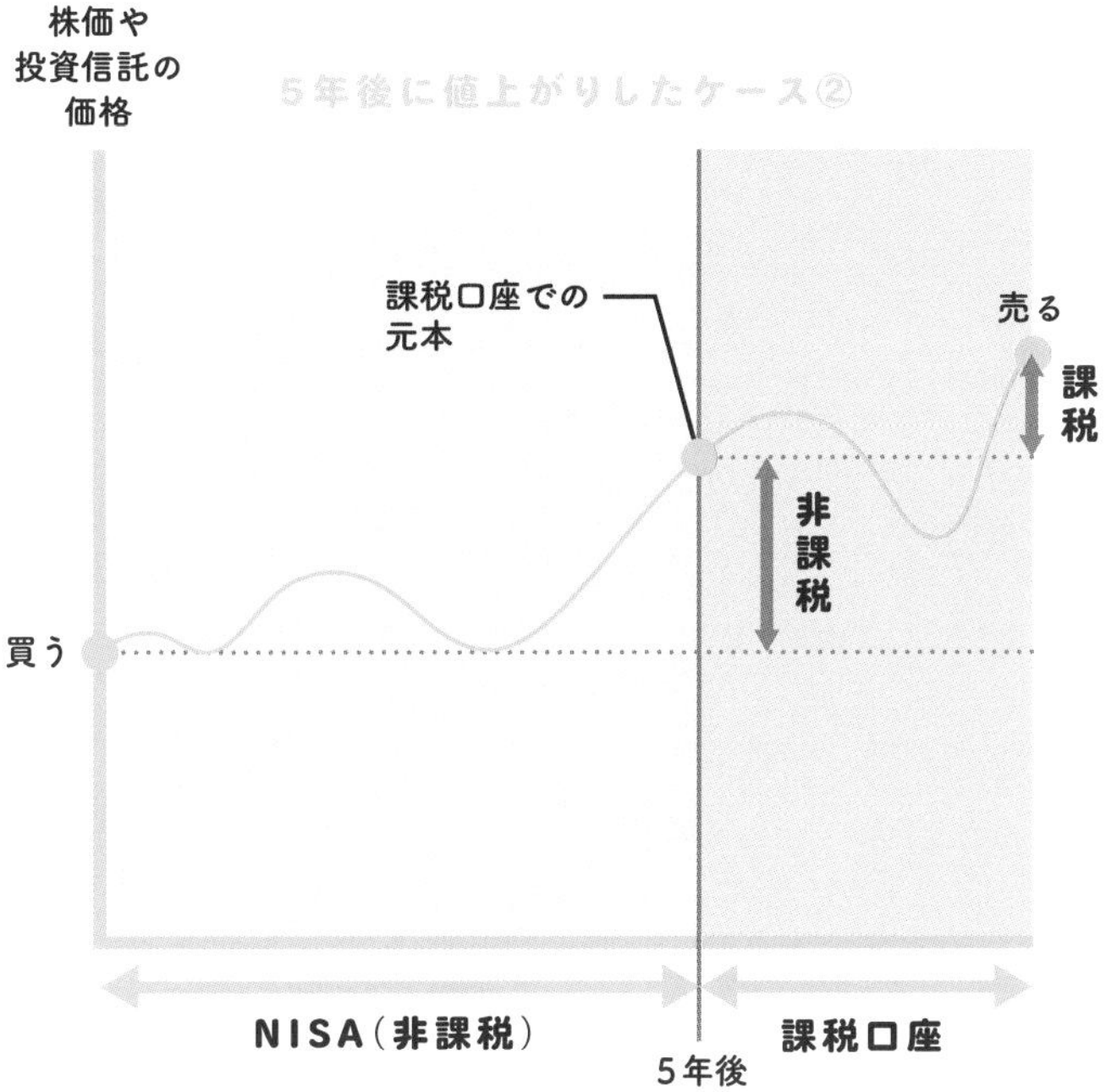

2024年以降 NISAは制度変更の予定

令和2年度税制改正により、「つみたてNISA」は期間を5年間延長し2042年まで、NISAは新制度に衣替えして5年間延長し2028年まで、ジュニアNISAは2023年で終了となる予定です。

¥ NISA活用法

NISA《ニーサ》って10回言ってみてください
ハイ!
先生の講義そんなのばっかですね…
NISA NISA NISA NISA NISA NISA
NISA NISA NISA NISA
アメリカのケネディ宇宙センターの略称は?
NASA《ナサ》!
ひっかかりませんよ
ひっかかった〜!
KSCでした
NASAはアメリカ航空宇宙局で〜す
この講義受けるのやめます

確定拠出年金は老後資金を準備するための年金制度です。企業型と個人型があります。

企業型は、従業員の福利厚生の一環として、企業年金として導入するもので、掛金は会社が出します。勤務先に制度が導入されれば、原則加入します（従業員が確定拠出年金の掛金にするか給与として受け取るかを選択できる選択制もあります）。

個人型は、自分の意思で加入するもので、日本に住む20歳以上60歳未満の人なら、さまざまな立場の人が利用できます。個人型の愛称がiDeCoです。企業型、個人型いずれも原則60歳以降に受け取ります。年金受け取りのみならず、退職金のように一括受け取りもできます。

iDeCoは毎月の掛金に限度額があり、立場により異なります（70ページの表を参照）。勤務先に企業型が導入されて加入している場合は、個人型との併用が規約で定められていれば、利用できます。

iDeCoを取り扱う金融機関は、銀行や証券会社などたくさんあります。金融機関により取り扱う商品のラインナップは違いますが、定期預金など元本が安全な商品と、投資信託の2種類を揃えているのは共通です。掛金の範囲内で複数の商品を組み合わせて積み立てることができます。興味がある方は取り扱い金融機関から資料を取り寄せてみましょう。

iDeCoは税金が優遇される

掛金を払っている期間は、掛金の全額を所得控除することができるので所得税と住民税が安くなります。手続きとして、会社員は年末調整時に「小規模企業共済等掛金払込証明書」を提出、自営業者は確定申告を行います。例えば所得税率が10％の人が月2万円、年間24万円を掛けると所得税と住民税（一律10％）の合計で、年間4万8000円節税できます。同じ条件で10年加入し続ければ48万円の節税です。iDeCoを利用するには毎月数百円の手数料（金融機関により金額は異なる）がかかりますが、節税効果は通常、手数料分をカバーして上回ります。

利益にかかる税金は非課税、受け取り時は一括受け取りか年金受け取りかにより税金の扱いが異なります（97ページ参照）。

50歳から入るときの注意点

50歳からiDeCoを利用する際に注意したいのが、加入期間です。確定拠出年金は10年以上の加入が条件。50歳以降に初めて確定拠出年金に加入すると、60歳までに10年を満たしません。そのため、受け取り開始できる時期が遅くなります（71ページの表を参照）。

60歳以降は掛金の払い込みはできず、ラインナップされた金融商品で運用しつつ、受け取り可能になるのを待つことになります。その間も口座維持の手数料がかかります。また加入期間が短いということは、貯められるお金も少なくなります。そのため、50歳を過ぎたらiDeCoに入っても意味がないという人もいます。

ただし、次のような人は、50歳以降でもiDeCoに入るメリットがあります。

● 以前、企業型に加入していたが転職により加入者でなくなり放置している人

加入期間は個人型と企業型を合算することができます。合わせて10年以上ならOK。以前の勤務先ですでに10年を満たしている、またはあと数年で満たせるなら加入しないと損。企業型に加入していた期間の掛金を無駄にすることになります。

● 年収は高いが退職給付がない会社員

節税効果は年収が高い＝所得税率が高いほど大きくなります。50代前半で加入すれば、現役時代の節税効果の方が待機期間も含めた手数料分を大きく上回る可能性が高い、かつ、一時金受け取りにすれば退職金代わりになり、税金も優遇されます。

● 自営業者

自営業者は掛金の限度額がもっとも大きいので、現役時代はかなりの節税効果が見込めます。50代前半で加入すれば待機期間も含めた手数料分を大きく上回るでしょう。

なお、現在は60歳までの加入期間を65歳まで延ばすことが検討されています。確定拠出年金は2001年に制度が始まって以来、さまざまな改正が行われてきました。50代前半なら、制度改正のニュースをしっかりチェックしつつ、加入を検討するのはありです。

20歳以上60歳未満の人が加入できるiDeCoの掛金限度額

立場		月額 / 年額
自営業者など国民年金加入者		6万8,000円 / 81万6,000円
会社員	企業年金なし	2万3,000円 / 27万6,000円
会社員	企業型確定拠出年金あり*	2万円 / 24万円
会社員	確定給付企業年金あり	1万2,000円 / 14万4,000円
公務員		1万2,000円 / 14万4,000円
専業主婦・専業主夫		2万3,000円 / 27万6,000円

加入できるのは、規約でiDeCoの同時加入を認めている場合

景気と投資

新型コロナウイルス感染症の拡大により景気の悪化が予想され、2020年3月に株が大きく下がりました。しかし、投資先を分散し、積み立てで時間をかけて投資してきた人への影響はそれほど大きくはありませんでした。さまざまな要因で景気は変動し、株価も影響を受けます。投資は、価格変動を前提に、長期で取り組みましょう。

確定拠出年金の加入期間と受け取り開始可能年齢

加入期間（加入時期）	受け取り開始が可能な年齢
10年以上（50歳までに加入）	60歳から70歳の間
8年以上10年未満（50歳超52歳まで）	61歳から70歳の間
6年以上8年未満（52歳超54歳まで）	62歳から70歳の間
4年以上6年未満（54歳超56歳まで）	63歳から70歳の間
2年以上4年未満（56歳超58歳まで）	64歳から70歳の間
1カ月以上2年未満（58歳超60歳まで）	65歳から70歳の間

イデコ活用法
私的年金制度のイデコの活用法を紹介します
イデコ
iDeCo
イデコとは「個人型確定拠出年金」の愛称です
さて、この確定拠出年金という言葉、なんと！
早口言葉に使えます。10回続けて言えますか？
ハイ！
カクテイキョシュチュ…
キャクテイキョスツ…うぐっ
ぷっ

NISAとiDeCo、どっちがいい？

NISAかiDeCoのどちらかを使ってみようという場合、優先順位は次のように考えます。

この2つの最も大きな違いは流動性＝現金にしたいときにすぐに売れるかどうかです。NISAはつみたてNISAなら20年、NISAは5年、非課税になる期間が決まっていますが、途中での売却はいつでも可能です。つまり流動性が高い。一方、iDeCoは受け取り可能になるのは60歳以降です。50歳を超えて加入するとさらに受け取り開始時期が後ろ倒しになります。中途解約（脱退）には加入期間や残高に条件があります。だからこそ老後資金が確実に貯まるわけですが、流動性は低いです。流動性を重視するならNISA、老後資金を確実に貯めたいならiDeCoです。

ただし、勤務先で企業型の確定拠出年金に入っている人は、加入者掛金＝マッチング拠出の制度があるかどうかを確認してください。マッチング拠出は、勤務先で出す掛金に加えて給与天引きで自分のお金も出せる制度です。マッチング拠出があると通常は個人型＝iDeCoと併用ができません。つまりiDeCoは使えません。企業型でマッチング拠出を行い、さらに税金面で有利な投資をしたいならNISAを使ってください。

知っておきたい投資信託の仕組み

NISAやiDeCoを利用する際に欠かせないのが投資信託の知識です。投資信託は、少額でさまざまな投資対象に分散投資できるので、資産があまり多くない人や、少しずつ投資に慣れていきたい人に向いています。しかし、投資の経験がない人にはわかりにくいのも事実。まずは、次の点を押さえて運用を始め、自分なりに使いこなせるようになるといいですね。

1 何に投資をするかによりいくつかのタイプがあります。

代表的な投資先は4つ。日本の株式、日本の債券、外国（先進国）の株式、外国（先進国）の債券です。例えば日本の株式に投資する投資信託は、複数の日本の株式に投資をするので、1つの会社の株式に投資をするよりも価格変動のリスクが分散されます。

代表的な4つの投資先以外に、不動産に投資するものや、1本の投資信託で複数の投資先に投資できる資産分散型やバランス型と呼ばれるものもあります。

2 少額から購入できます。

複数の株式や債券に分散投資を行うので、投資信託そのものは個人では難しい大きな単位で運用されています。そのうちの一部を保有する形で1万円程度から購入できます。積み立ての場合は、1回あたりの積み立て額を5000円、1万円などと決めて買い付けができます。

3 保有するには手数料がかかります。

それぞれの投資信託は、どのような運用を行うか方針を決め、それに沿って運用します。運用をプロに託す形になるので、保有している間は信託報酬という手数料を差し引かれます。信託報酬は年率で表示され、投資信託ごとに異なりますので、必ず確認を。低いものは0.5％以下、高いものは2％前後。日割り計算した信託報酬が日々残高から引かれます。運用で信託報酬分以上の利益が出ないと、資産は増えません。

　また金融機関や投資信託によっては購入時に手数料（販売手数料や申込手数料など呼び方は金融機関による）がかかることがあります。ちなみに、「つみたてNISA」やiDeCoでは購入時の手数料はかかりません。

4 価格が変動します。

　投資信託の値段のことを基準価額といいます。基準価額は、その投資信託が投資をしている株式や債券の値動きを反映して変動します。基準価額は信託報酬を差し引いた後の値段なので、これを見れば自分の損益を確認できます。購入時よりも値上がりすれば利益が出ますし、値下がりすれば損失を被ります。利益から分配金が払われることもあります。

　つみたてNISAやiDeCoを取り扱う金融機関では、ラインナップした投資信託の情報、例えば運用方針や過去の運用実績、手数料が記載された資料を提示しています。申し込む前に必ず確認しましょう。運用実績は、あくまで過去の結果であり、将来を保障するものではありませんが、参考にはなります。3カ月、1年、3年など期間ごとに示されているので、できれば5年、10年などの長期でどれくらいかを見てください。

投資信託の購入は積み立てで

　価格が変動しているものを買って利益を上げようとすると、安いときに買って、高いときに売りたいと思いますよね。これは当然です。しかし、値動きを予測することはプロでも難しく、なかなかうまくいかないものです。

　価格がどう変動しようと、定期的に同じ金額で購入するドルコスト平均法という買い付け方法があります。一度に買わずに、何度かに分けて買えば、いろいろな価格で買うことができ、平均購入価格よりも値上がりすれば利益が出ます。ドルコスト平均法では、毎回定額で買うことにより、値段が下がっているときには量を多く、上がっているときには量を少なく買うことになり、平均購入価格が下がりやすくなります。また、1回あたりは少額で済み、投資額も定額なので家計に無理なく、投資が続けやすいのもメリット。

　つみたてNISAやiDeCoは、毎月の掛金を決めて利用するので、自動的にドルコスト平均法で投資信託を購入することになります。非課税のメリットに加えて、これも特徴です。

NISA、つみたてNISA、iDeCoの始め方

1	金融機関を決める	・口座を持っている銀行や証券会社で取り扱っているかを確認。投資信託の品揃えや手数料をもとに、別の金融機関で新たに口座を開設するかどうかを判断する。 ・NISA口座で株式を買いたいなら証券会社を選択する。
2	必要に応じて証券口座や投資信託口座を開設する	
3	株式の銘柄や投資信託を選んで申し込む	・限度額内で複数の組み合わせも可能。 ・NISA口座には事前に購入代金を入金する。 ・つみたてNISAとiDeCoは銀行口座からの引き落としが可能。

配当金、分配金、株主優待が受け取れる投資

運用している資産から定期的にお金が入ってきたらうれしいですね。株式やREIT（リート・不動産投資信託）を持っていると、配当金や分配金がもらえます。

株式の配当金は、会社の利益を株主に還元するものなので、会社の経営が安定していて利益を上げていることが前提です。そのため、どの会社でももらえるわけではありません。経営の悪化により配当金を出せなくなることもあります。まずは配当金が出る会社を探すことから。次に、配当金の額が多いかどうかを、「配当利回り」で確認します。配当利回りは、1株あたり1年間でもらえる配当金を株価で割って計算します。投資額に対してどれくらいの率で配当金がつくかがわかります。日本の株式の平均的な配当利回りは2％前後（2019年11月末現在）。預金に比べると高いですね。

ただし、株価は上がったり下がったりしていますから、配当金の額が同じでも、株価が下がれば配当利回りは上がります。逆に株価に大きな変化がなくても、配当金が増えれば、配当利回りは上がります。

また、株式の中には、株主に自社商品などの優待品を送るところもあります。これを金額に換算して株価で割ったものが（株主）優待利回りです。株主には、こんなお得もあるのですね。

しかし、業績が悪化すれば、配当金や株主優待がなくなるのみならず、株価も下がる可能性が高いので、配当金や株主優待を期待しての株式投資は、経営が安定しているかどうかの確認が重要です。

一方、REITは、不動産に投資する投資信託です。運用会社がオフィスビルやリゾート施設などの不動産を所有し、家賃収入を主な収益源として、分配金を出します。日本のREITの平均分配金利回り（1年間でもらえる分配金を価格で割って計算）は3・5％程度です（2019年11月末現在）。株式と同じようにREITの価格も変動しているので、リスクがあり、分配金利回りも変動します。

株式、REITいずれも価格変動というリスクはあるものの、配当金、株主優待、分配金を受け取れる魅力もあります。こういった投資は、本来は、年金で暮らすようになってからの方が適しています。配当金や分配金を生活費の足しやこづかいにできるからです。

現役時代は、資産を増やすことを重視したいので、配当金や分配金をたくさん出すよりも、利益を再投資して複利運用にする方法が向いています。しかし、50代に入り、資金に余裕があるなら、銘柄探しと練習を兼ねて取り組んでみてもいいかもしれません。

証券会社のNISA口座を使えば、株式の配当金、REITの分配金も非課税になります。

これからでも年金を増やせる？

老後に受け取る年金を、50代ならまだ増やすことができます。国の制度である公的年金を増やす方法と、公的年金に準ずる年金制度を使う方法があります。

公的年金は生きている限りもらえるので長生きするほど受け取り総額が増えます。まずは、公的年金を増やす方法から紹介

¥ カブ昔話

町へ行ったおじいさんは
つい安売りにつられて
大量のカブを買って
帰りました
おばあさんに
怒られました
どうすんの
こんなに!
面目ない
……
数日後、村で突然
カブ料理が大流行
すいません
売り切れ
ました−
カブ
おじいさんのカブは高く
売れて儲かりました
これが株式の起源に
なりましたとさ。
うそつけ
そして
おばあさん、カブ価の
操作した黒幕だろ!

しましょう。

公的年金を増やす

● 会社員

なるべく高い給与で、長く働く

会社員の公的年金は厚生年金です。現役時代に払う厚生年金の保険料は給与の額（正確には標準報酬月額）に、18・3％を掛けた金額。会社が半分出してくれるので、自分の給与から引かれるのは9・15％。率が決まっているということは、給与が高い人ほど保険料は高く、そのぶん、老後に受け取る年金も多くなります。昇給などで給与が上がれば反映されます。

50歳以降のねんきん定期便に記載される見込額は、今の給与や働き方を60歳まで続けた場合の金額です。その後、早期退職などで60歳前に仕事を辞めれば減ってしまいますし、給与が上がれば増えます。昇給は自分の意欲だけではままなりませんが、少しでも増えることを目指しましょう。また、受け取り額には加入期間も反映されるので、長く働き続けて厚生年金の加入期間を延ばすことも有効です。

例えば、60歳で定年退職後に継続雇用で65歳まで5年間働き、毎月の給与が20万円なら、受け取る厚生年金は約6万6000円（年額）増えます。

● 自営業

追納や任意加入、再就職も

自営業者などが加入する国民年金は、20歳から60歳までの40年間加入すると満額（令和元年度は78万100円）を受け取れます。保険料は収入に関わらず一律。10年以上加入すれば65歳から国民年金を受け取ることができ、加入期間に応じた年金額になります。事情により未納、免除、猶予の期間があり40年を満たさないと、そのぶん、年金額は減ります。

免除や猶予は、10年以内なら追納が可能です。40年を満たさないまま60歳になった場合は、65歳までの5年間、任意加入できます。

追納や任意加入により、1カ月保険料を払うごとに年金額が1625円増えます。5年（60月）保険料を納めると、国民年金額を9万7513円（年額）増やせます（令和元年度の額）。

また、国民年金は、最長で40年間、65歳までしか加入できませんが、厚生年金は70歳まで加入できます。ずっと自営業だった人が、会社員になって厚生年金に加入すれば、そのぶんの厚生年金を増やすことができます。

公的年金に準ずる制度を使う

公的年金に準ずる制度に加入して掛金を払うと、掛金の全額を所得控除できるので、現役時代の所得税、住民税が安くなります。受け取り時も公的年金と同様の扱いです（107ページ参照）。

● 会社員

確定拠出年金に加入する

会社員の公的年金は厚生年金で、厚生年金に加入すると自動的に国民年金にも加入します。企業によっては、この2つの公的年金に上乗せする形で、退職給付制度があります。将来受け取る年金額が決まっているのが確定給付型年金、制度は会社で導入するけれど運用は従業員が自分で行い受け取り額が個々に違ってくるのが企業型確定拠出年金です。公務員や私学教職員には年金払い退職給付があります。

これに、自分の意思で、自分のお金を出して、iDeCoこと個人型確定拠出年金を上乗せできます（図を参照）。ただし、企業型確定拠出年金がある会社では、規約で同時加入が認められている場合のみとなります。企業型確定拠出年金が選択制で、選択していない（＝加入していない）人はiDeCoに入れますが、企業型の多くは手数料を企業が持ってくれるので、手数料の分、企業型の選択制が得です。途中からでも選択が可能なら、企業型の選択制をおすすめします。それ以外の人はiDeCoを検討してはいかがでしょうか。

確定拠出年金の企業型と個人型の違いは79ページの表を参照。個人型（iDeCo）の詳細は69ページを参照ください。

会社員など（第2号被保険者）の年金制度

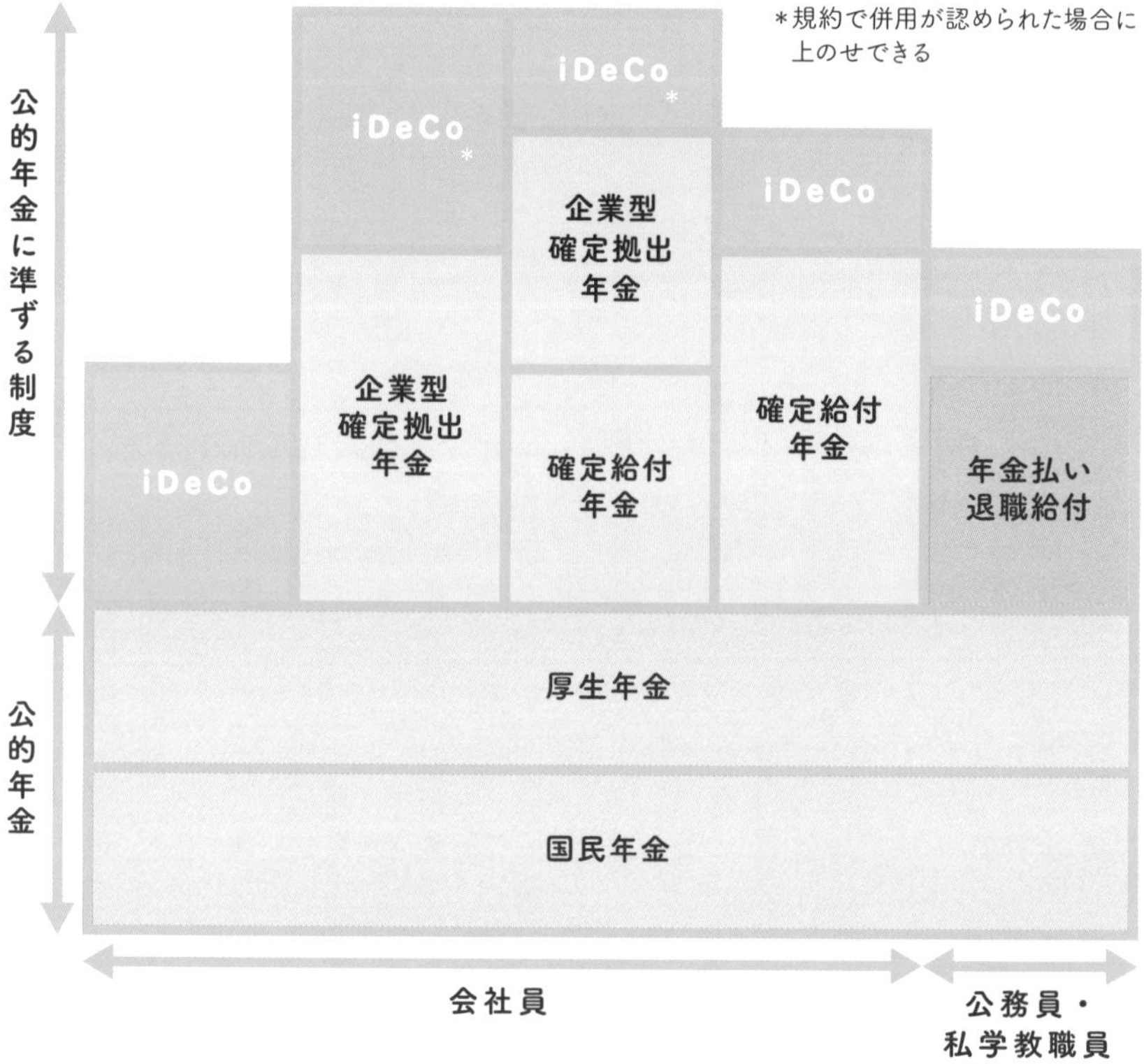

勤務先の制度を確認しましょう

確定拠出年金、企業型と個人型の違いは？

	企業型	個人型（iDeCo）
利用できる人	勤務先が導入すれば、社員は原則加入する 会社が出す掛金に加え、給与天引きで自分のお金も拠出（マッチング拠出）できる会社もある。 確定拠出年金の掛金にするか、現役時代に給与等として前払いで受け取るかを選べる選択制もある	公的年金制度に加入する20歳以上60歳未満の人 企業型確定拠出年金が導入されている会社員は、規約で同時加入が認められている場合
掛金の限度額	月額５万5,000円。 企業により異なる。 確定給付年金がある、個人型への加入を認める場合は限度額が下がる	自営業者 月額6万8,000円 会社員 勤務先の企業年金制度により月額1万2,000円～２万3,000円 公務員　月額１万2,000円 専業主婦（主夫）　月額2万3,000円
利用できる金融商品	預金、投資信託、（運営管理機関によっては保険もある）	
窓口（運営管理機関）	勤務先が契約した金融機関	自分で選ぶ
運営管理の手数料*	勤務先が払うケースが一般的	自分で払う

＊運営管理の手数料は運営管理機関により月額数百円

● 自営業

国民年金基金、iDeCo、小規模企業共済のどれかに加入、または併用する

自営業者の公的年金は、国民年金のみ。現役時代の給与に応じて厚生年金ももらえる会社員に比べると少ないので、公的年金に準ずる制度での上乗せは必須です。選べるのは国民年金基金とiDeCoがあり、2つを併用することもできます。併用する場合は掛金を合算して月6万8000円が上限です。

また、退職金代わりになる小規模企業共済もあります。

国民年金基金は終身受け取り可能がメリット

国民年金基金は、1口目は必ず終身年金で選択します。2口目以降は任意で、いくつかのタイプから選べます。加入した年齢と選んだタイプ・口数により、受け取る年金が異なります。加入できるのは60歳までなので50歳からだと10年弱しかありませんが、国民年金を任意加入している人は60歳〜65歳も加入できます。

国民年金基金のメリットは、掛金の全額を所得控除できるので現役時代の所得税・住民税を節税できること、一口目が終身年金なので（掛金は高くなるが2口目以降も終身年金を選べる）、生きている限りもらえること。ただし、年金形式の受け取りなので、長生きした方が得、早く亡くなると元本割れします。50歳1カ月で加入した場合、1口目の終身年金の掛金は男性が月1万6510円、女性が2万3380円。60歳まで掛けると65歳から11万8940円（年額、男女共通）の年金をもらえます（2020年1月現在）。選んだタイプにもよりますが、掛金のもとを取るには80代半ばまで生きること。現役時代の節税分も含めて、国民年金基金のサイトで受け取り額の試算ができます。

iDeCoは運用で増やせる可能性

iDeCoは、加入者名義の資産なので、本人が亡くなった場合は遺族に支払われます。運用がうまくいって資産を増やせる可能性もあります。一方、うまくいかなければ元本が減るリスクがあります。

小規模企業共済は利子もつく

小規模企業共済は、小規模企業の経営者や自営業者のための退職金制度です。現役時代に、月1000円〜7万円の範囲で掛金を積み立て、退職時や廃業時に受け取ります。15年以上加入すれば65歳以降に受け取ることもできます。掛金の全額を所得控除できるので、現役時代は所得税、住民税を節税できます。払い込んだ掛金には1%程度の利子がつきます。受け取りは一時金、分割、一時金と分割の併用が可能。一時金は退職金と同じ扱い、分割は公的年金と同じ扱いになり税金が優遇されます。

本人が亡くなったときは遺族が死亡退職金として受取ります。国民年金基金やiDeCoと併用できます。

自営業者は、利用できる3つの制度の掛金を出す余裕があるなら、国民年金基金で終身年金を確保しつつ、iDeCoで資産の増加を目指し、小規模企業共済で退職金を作ってはいかがでしょうか。

　国民年金基金は最低1口以上、iDeCoは月5000円以上、小規模企業共済は月1000円以上で、途中で掛金の変更が可能です。

●主婦（主夫）iDeCoに加入

　会社員や公務員といった第2号被保険者に扶養されている主婦（夫）は、自分で保険料を払わなくても国民年金に加入できる仕組みです。公的年金に準ずる制度で利用できるのはiDeCoのみ。

　ただし、収入がなく、そもそも所得税や住民税を払っていないと、掛金の所得控除による節税効果はありません。パート勤務などで社会保険は扶養の範囲だけれど、所得税や住民税は払っているというケースでは、節税効果があります。

　運用の利益は非課税、受け取り時には、年金受け取り、一時金受け取りいずれも税制優遇が受けられます（106ページ参照）

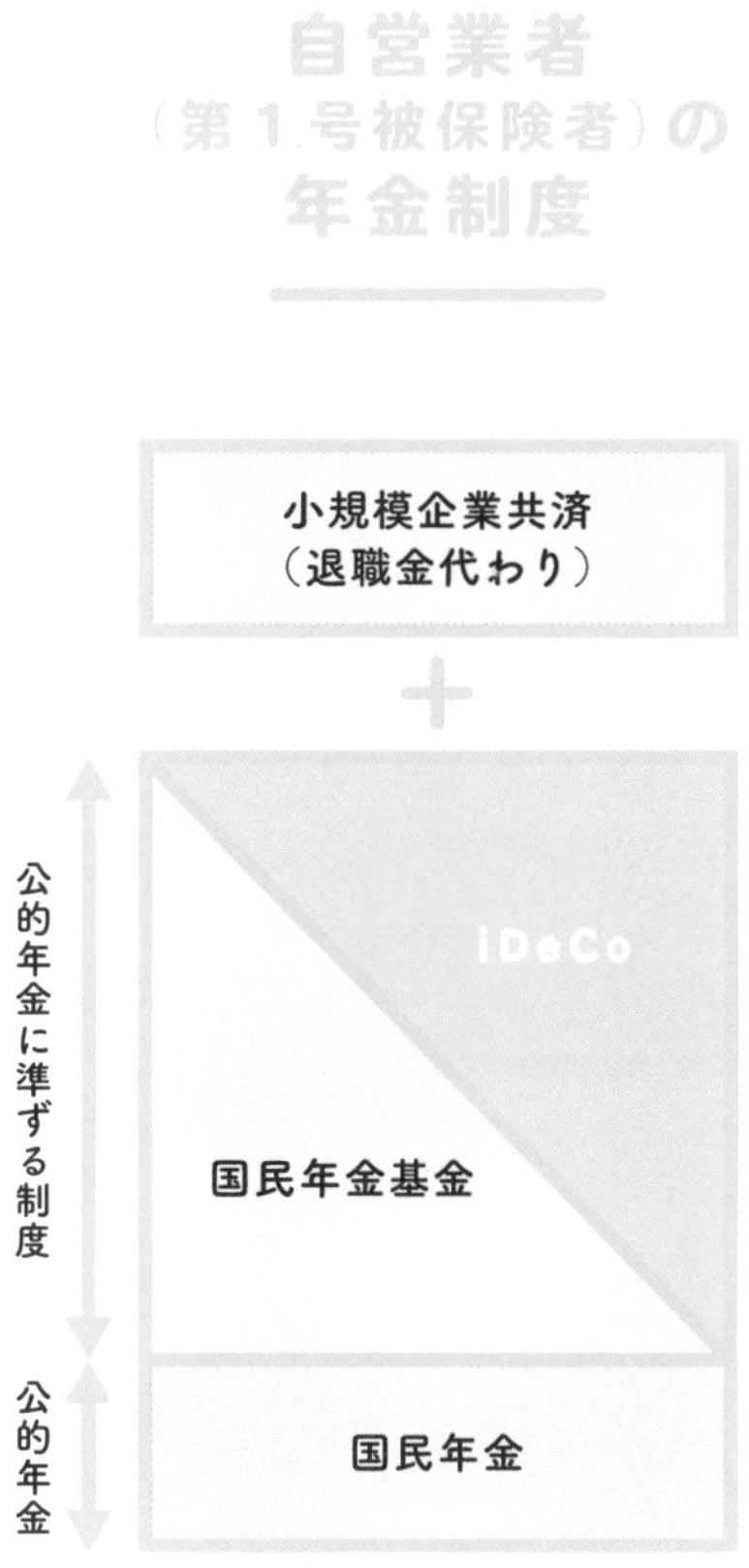

会社員に比べ公的年金が少ないので
公的年金に準ずる制度を
めいっぱい活用したい

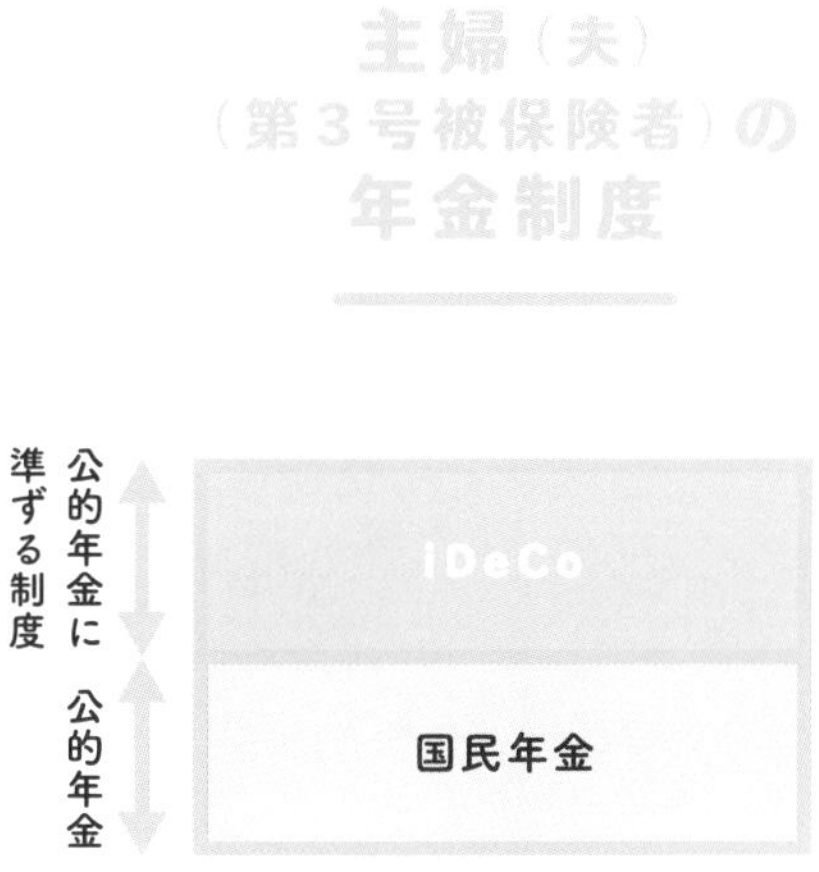

主婦（夫）もiDeCoに加入し、
一時金受け取りにすれば
自前の退職金を準備できる

年金生活者の税金

こんな年金生活者からも税金を搾り取らなくったっていいじゃないか。
大将もそう思いませんか？
まったくですねー
たかだかビルやマンションを20くらい持ってるだけですぞ〜
おかわり
ズイ
そりゃ払いましょうや
税金

仕事の収入を増やす

高度なスキルを身につける

　会社員の給与について調べた「賃金構造基本統計調査」によれば、平均的に、年齢が上がるにしたがい給与が増え、50代前半をピークに50代後半には下がります。収入を増やしたいなら、まずは本業の収入アップを目指すのが正論ですが、何の努力もしなければ、増やすどころか50代後半は維持さえ難しいかもしれません。あくまで平均ですから、出世の階段を登りさらに収入を増やせる人もいるでしょう。しかし、役職定年などで収入が減りそうな人はどうすればいいでしょうか？

　新聞やテレビで報道されているとおり、日本は少子高齢化により人手不足です。外国人労働者の受け入れも拡大され、高度なスキルをもった人材は高給で優遇される時代が始まっています。社会は大きく変化していますから、何がチャンスになるかわかりません。もう50歳だからなんて思わずに、新しいことにもチャレンジし、自分にできることを少しでも増やしておくことでしょう。

　会社員の特典として、雇用保険から教育訓練給付金をもらうことができます。プログラミング、簿記、英語検定、司法書士、介護福祉士、大学・専門学校の職業実践専門課程など、厚生労働大臣が指定した講座を受講すると20％～70％を国が補助してくれる仕組みです。インターネットの「教育訓練給付金制度［検索システム］」で、自分が受けたい講座があるかどうかを確認できます。教育訓練給付金は3年に一度利用できるので、仕事のブラッシュアップや新しいスキルの習得に取り組んでみませんか？　これからの仕事に役立つかもしれません。

　また、単純ですが、単価が安ければ量を増やしてカバー、年収が増えない、もしくは減るなら働く時間を増やして収入を確保することも有効です。定年以降も継続雇用など何らかの方法で働き続けることです。

　自営業者には定年はありません。しかし、仕事を継続していくには、社会の変化に合わせた技術の向上や知識の習得が重要です。会社員のように教育訓練給付金制度は使えませんが、仕事に必要な勉強なら経費で落とせますから、節税にもつながります。

副業で稼ぐ

　政府の働き方改革により、会社員が副業や兼業をしやすい環境整備が進められています。「副業・兼業の促進に関するガイドライン」が作成され、モデル就業規則に副業・兼業についての規定が新設されました。

　副業をするには、勤務先が認めていることが条件。副業を認める企業はまだ少数派のようですが、今後は解禁するところが増えそうです。

　副業の方法としては、①店員など時給や日給のアルバイトをする、②WEBサイトデザインなどの業務を請負う、③自分でネットショップを立ち上げ販売する、などがあります。

　確実に月〇万円を稼ぎたいの

なら、①の時給や日給の仕事が向いています。やりがい＋お金なら得意分野を活かした②の請負や③の自分の店などでしょうか。

月に数万円でも、継続的に収入が得られるなら、家計にとっては大きいですね。ただし、過重労働になって体調を崩したり、本業に影響がでたりしないよう注意を。

また、副業収入は課税の対象になります。①の時給などの給与収入は年間20万円以上、②の請負の報酬や、③の個人事業の売上は、収入から経費を差し引いた所得が年間20万円以上なら確定申告が必要です。追加で所得税や住民税を納付することになります。請負の報酬から所得税を源泉徴収されているなら、税金が戻るケースもあります。

確定申告については150ページを参照。

50歳からの不動産投資は慎重に

不動産投資で成功している人と話をすると、本当に不動産が好きなのだと感じます。気になる物件があれば、忙しいのに時間を作って見に行くなど、楽しそうです。

不動産投資は、購入時よりも高く売って売却益を得る方法と、人に貸して家賃収入を得る方法があり、個人の場合は家賃収入を得る方法が一般的です。年金では足りない老後の生活費を家賃収入で補えるなどと宣伝する業者もありますが、投資としての難易度は高くなります。一番大きいのは資金の問題です。親から投資用不動産を相続した、あるいは購入資金が充分あるケース以外は、購入のためにローンを組むことになるからです。ローンを組んで不動産投資を行うと、お金の流れはどうなるでしょうか？

家賃収入からローンの返済と経費を支払い、残った分が現金収入です。経費は、管理会社への委託料、火災保険料、固定資産税、修繕費など。収支がどれくらいのプラスになるか、事前のシミュレーションは必須です。頭金の額、家賃の設定、入居者が見つからないなどが原因で赤字のリスクもあります。

不動産投資が、株式などの金融商品の投資と大きく異なるのは税金の扱いです。金融商品は、金融商品の利益のみで税金の計算を行う分離課税。一方、不動産投資で得た利益は、給与所得など他の所得と合算する総合課税です。そのため確定申告が必要で、その際の収支計算は、現金の収支とは異なります。住宅ローンのうち経費にできるのは利子部分のみ、一方、実際には払っていないのに建物の減価償却費を計上できます。総合課税の仕組みを利用して、不動産投資としては赤字でも本業の給与所得の税金を節税することが可能です。ただし、50歳を過ぎて多額のローンを抱えるのはリスクが大きく、節税よりも定期的な現金収入こそが、50歳からの不動産投資の目的としてはふさわしいはず。ローンを組んでの不動産投資は長期戦なので、数年後も入居者が途絶えない物件を選ぶ力も求められます。自営業者や年金生活者などは、不動産収入で所得が増えれば社会保険料が高くなります。意外と時間も手間もかかります。

これらを総合的に考えて、自分に不動産投資が向いているか、資金面で実現の可能性があるのかをよく検討しましょう。

不動産投資に興味はあるけど、面倒なことが嫌いな人は、不動産投資を金融商品にしたREITを使う方が資金も少なくて済み、現物の不動産につきものの管理の手間も不要です。REITは証券会社を通して株と同様に売買ができ、NISA口座を使えば、利益にかかる税金が非課税になります（75ページ参照）。

自宅をお金に換える

自宅はあるけど、現金が足りないというときに利用できるのがリバースモーゲージです。

自宅を担保に借り入れ枠を設定し、必要なときに必要な分を設定枠の範囲で借りることができます。メリットは自宅に住み続けられること、生きている間は返済不要または利子のみの返済でいいこと。亡くなった後に自宅を売却して返済し、売却益と借入額との差額を相続人が相続します。

いくつかの銀行で取り扱っていて、利用できる年齢は銀行により55歳以上や60歳以上など。対象となる地域や不動産の条件も銀行により異なります。借りたお金の使い道は、生活費や旅行費用、リフォーム費用、高齢者向け住宅の入居金など通常は自由です（投資を除く）。契約にあたっては、推定相続人の合意や同席が必要です。

貯蓄が思うように進まないときは、自宅がリバースモーゲージの対象になるか、なるなら借入枠はどれくらいか、調べておいてもいいでしょう。一般的には、住宅ローンより金利は高めで変動金利、借入枠は物件価格の5〜6割程度です。

銀行により、戸建て・マンションいずれも対象、戸建てのみ対象のところがあります。

自治体の社会福祉協議会が行う「不動産担保型生活資金」の貸付もリバーズモーゲージの一種です。こちらは低所得世帯が対象です。

自宅のリフォームや建替えにはリバースモーゲージ型住宅ローン

満60歳以上の人を対象にリバースモーゲージを住宅ローンにしたのが、リバースモーゲージ型住宅ローン「リ・バース60」です。自宅を担保に借入れ、生きている間は利子の返済のみ、亡くなった後に自宅を売却して返済する仕組みは同じです。借り入れの上限は物件価格の5〜6割程度。こちらは借りたお金を生活費に使うことはできず、自宅のリフォームや購入、住宅ローンの借り換え、高齢者向け住宅の入居金などに限定されます。

窓口は取り扱い金融機関で詳細は金融機関により異なります。特徴は金融機関と住宅金融支援機構が住宅融資保険を契約することで、これにより相続発生後は住宅金融支援機構が金融機関に保険金を支払い、住宅金融支援機構は担保物権を売却して資金を回収します。

金利は高くなりますが、万が一、担保物権を売却しても借入金を完済できなかったとき、相続人が残った債務を返済しなくてもよいノンリコース型を選択することもできます。

50歳以上60歳未満の人が利用できる「リ・バース50」もあります。融資額の条件は「リ・バース60」と少し異なります。

自宅を持っていると、住み続けたままで、その価値をお金に換えられるわけです。ただし、物件の価値や地価の下落も加味して審査が行われます。

副業で稼ぐ

やあ、おはよう
課長、おはようございます！
わが社は副業は禁止されてないが、業務に支障のないようにな
ギク
内緒にしてたのにどうして副業のことわかったんですか!?
スタスタ
あっ
脱ぐの忘れてた
そりゃわかるよ！

¥ リバースモーゲージでリフォーム

COLUMN 01

会社員時代に不動産投資を開始、家賃収入で生活が成り立つまでに

これから始める人へのアドバイス

ある程度の現金と収支シミュレーションが必須！

埼玉県在住のAさんが不動産投資を始めたのは44歳のときです。「長年ハウスメーカーに勤務し、地主さんなどに土地の有効活用を提案してきました。その土地に合った活用ができるとキャッシュフローが得られ、節税になるケースもあります。そろそろ自分の老後が気になり始めたときに、自分もアパート経営をして公的年金にプラスアルファできる家賃収入を得たいと思ったのがきっかけです」

Aさんは、貯蓄のうち1400万円で土地を購入し、建物は25年のアパートローンを組んで新築しました。アパートは4部屋で、家賃収入でローンや管理会社への手数料などの経費を払うと半分程度が手元に残りました。「会社員ですから生活費は給料で足ります。家賃収入は使わずに貯めていき、ある程度の金額になったら、これを使って次の物件を買いました」。

Aさんの方法は、原則土地部分は現金で買い、建物部分はローンを組むこと。そして、ローンの支払いが家賃収入の半分で済むような収支にすることです。これなら空室が出て家賃収入が半分になっても赤字にはなりません。シミュレーションを必ず行って収支が成り立たない物件には手を出さないことを鉄則とし、10年ほどで4つの物件を所有するまでになりました。「その場所にはどんな人が部屋を借りる需要があるかを考えること、自分の目で物件を見ること、最寄り駅から歩いて周りの環境を確認することは怠りません。車が必要な場所なら駐車場つきにしています」

当初は定年まで勤めあげ、家賃収入は公的年金の足しにと考えていたAさんですが、家賃収入だけでも生活が成り立つようになり、子どもの教育費も貯蓄で確保できたことから、50代半ばで早期退職に応募しました。ハウスメーカー勤務と不動産投資の経験を活かしてコンサルタントとして独立。いざとなれば家賃収入があるので、マイペースで楽しんで仕事をしています。50歳から不動産投資をするときの注意点を聞いてみると「毎月の収支を赤字にしないためには、最初にある程度の現金は必要です。それから、買いたい病に陥らないこと。不動産を買うことが目的ではなく、不動産で利益を得ることが目的です。収支のシミュレーションも必須ですね」との答えが返ってきました。

COLUMN

02

退職後に「訪問看護ステーション」で起業

これから始める人へのアドバイス

起業家育成研修などで経営を学び、しっかりした事業計画を立てること

高齢になったり、持病を抱えたりしても、最後まで自宅で過ごしたい人は多いはず。しかし、なかなか難しいのが現実です。看護や医療機器の使用には、看護師など医療の専門家の存在が必要だからです。これを解決するのが、看護師などが療養者の自宅を訪ねて行う訪問看護。訪問看護を提供する事業所は少しずつ増えていますが、まだ多くはありません。

茨城県つくば市にある「在宅看護センターゆう」は、2018年に熊本初美さんが立ち上げた「訪問看護ステーション」です。高齢者はもちろん赤ちゃんや子どもまで年齢を問わず、住み慣れた自宅で生活したい人に対応しています。

「よく介護と間違われるのですが、訪問看護では主治医の指示を受けて看護や医療的ケアを中心に行います。病状もさまざまなので幅広い知識と経験が必要です」

熊本さんは、消化器内科や脳外科など複数の診療科で働き、老人施設や人工透析クリニックでの勤務経験もあります。3人の子どもを育てながら、看護師としてのキャリアを積んできました。

「いろいろな患者さんに対応してきた経験は生きていると思います。病気や障害があっても、最期の時間だとしても、ゆっくりのんびり変わりない日常を過ごしてほしいという思いで起業しました」

看護師としての経験は豊富だったものの、経営の経験はゼロ。そこでまず通ったのが、起業家育成研修です。数カ月かけて経営や行政について学び、事業計画を立てました。訪問看護は、公的医療保険や介護保険を使って利用するサービスなので報酬には規定があり、事業所としての条件も満たさなければなりません。近隣の病院や介護施設などとの連携も欠かせません。設立資金は、起業を支援する財団の助成金と貯蓄、日本政策金融公庫からの借り入れでまかないました。事務所を借り、パソコンや鍵のかかる書庫などの備品を買い、看護師を雇いました。

「当初は私の報酬はなしでしたが、何とか役員報酬を出せるまでになりました。公的年金を受け取るようになったら、税金を考慮して報酬を調整しようと思っています。いずれは、理学療法士やケアマネージャーも雇って、看護小規模多機能型居宅介護まで提供できたらいいなと思っています」

CHAPTER

04

¥

50歳から 受け取る お金の活用法

50歳からは、いろんなお金を受け取ります。
仕事の収入は当面続きますし、会社員は退職金や企業年金、
そしていよいよ公的年金です。受け取ったお金には通常税金が
かかるので、税金の知識は必須。マネープランに合わせた
受け取り方法も事前に考えておきたいですね。

あなたは何歳まで働きますか？

70歳まで働く時代？

あなたは何歳まで働く予定ですか？ 実際のところ、多くの日本人は何歳まで働いているのでしょうか。調査によれば、60代前半で働いている人は同年代の約7割、60代後半でも同5割近くの人が働いています。70代前半では同3割、70代後半になっても約1割が働いています（厚生労働省「労働力調査」2018年平均より）。

年齢別、男女別の就業率は表の通りです。どの年代も10年前（2008年）に比べると、働いている人の割合が増えています。特に男性の就業率は60代前半が8割、60代後半も6割弱と高く、60代の間は働くことが一般的になってきているようです。

国も70歳までの就労を後押ししています。すでに65歳までは、「定年廃止」、「定年延長」、「継続雇用制度の導入」のどれかで対応することが企業に義務づけられています。

さらに70歳まで働ける環境を整えるため、高年齢者雇用安定法の改正案が検討されています。成立すれば、努力義務ではありますが、企業は先ほどの3つに加えて、社員の再就職の面倒を見たり、フリーランスや起業を選んだ人に業務委託したりすることが求められます。早ければ、2021年4月から実施されることになりそうです。

仕事をする人の割合は増えている

		55～59歳	60～64歳	65～69歳	70～74歳	75歳以上
男女計	2008年	74.5	57.2	36.2	21.8	8.6
	2018年	81.7	68.8	46.6	30.2	9.8
男	2008年	89.2	72.5	47.8	29.9	13.9
	2018年	91.3	81.1	57.2	38.1	14.8
女	2008年	60	42.5	25.5	14.9	5.5
	2018年	72	56.8	36.6	23.1	6.5

厚生労働省「労働力調査」2018年平均「年齢階級別就業率の推移」より作成

＊単位は%

「稼ぐに追いつく貧乏なし」ということわざもある通り、仕事の収入が続くのは家計には大きなプラスです。老後資金の準備が思い通りに進まなかったとき、働き続けることで収支が改善します。

また、例えば、次のようなプランを立てることもできます。

公的年金は70歳まで受け取りを繰り下げれば、65歳からもらうのに比べて1・4倍に増えます（公的年金の繰り上げ・繰り下げ受給115ページを参照）。70歳までは働いて仕事の収入でやりくりし、70歳以降は繰り下げで4割増しの公的年金で生活費をまかなえれば、貯蓄を取り崩さずに済むので、特別支出や予備費として温存できます（図を参照）。注意点は、60代での仕事の収入が高額だと、公的年金額の調整（支給停止による減額）が行われること（120ページ参照）。

何歳まで働くかは、今後のマネープランを立てる上で重要な事項です。

もちろん、60歳以降にどんな生活を望むか、仕事に就けるか、収入がいくらかにもよります。その際、必ず考慮したいのが、60代前半問題です（次項、参照）。

70歳までの就労と公的年金の繰り下げ受給で収支を改善

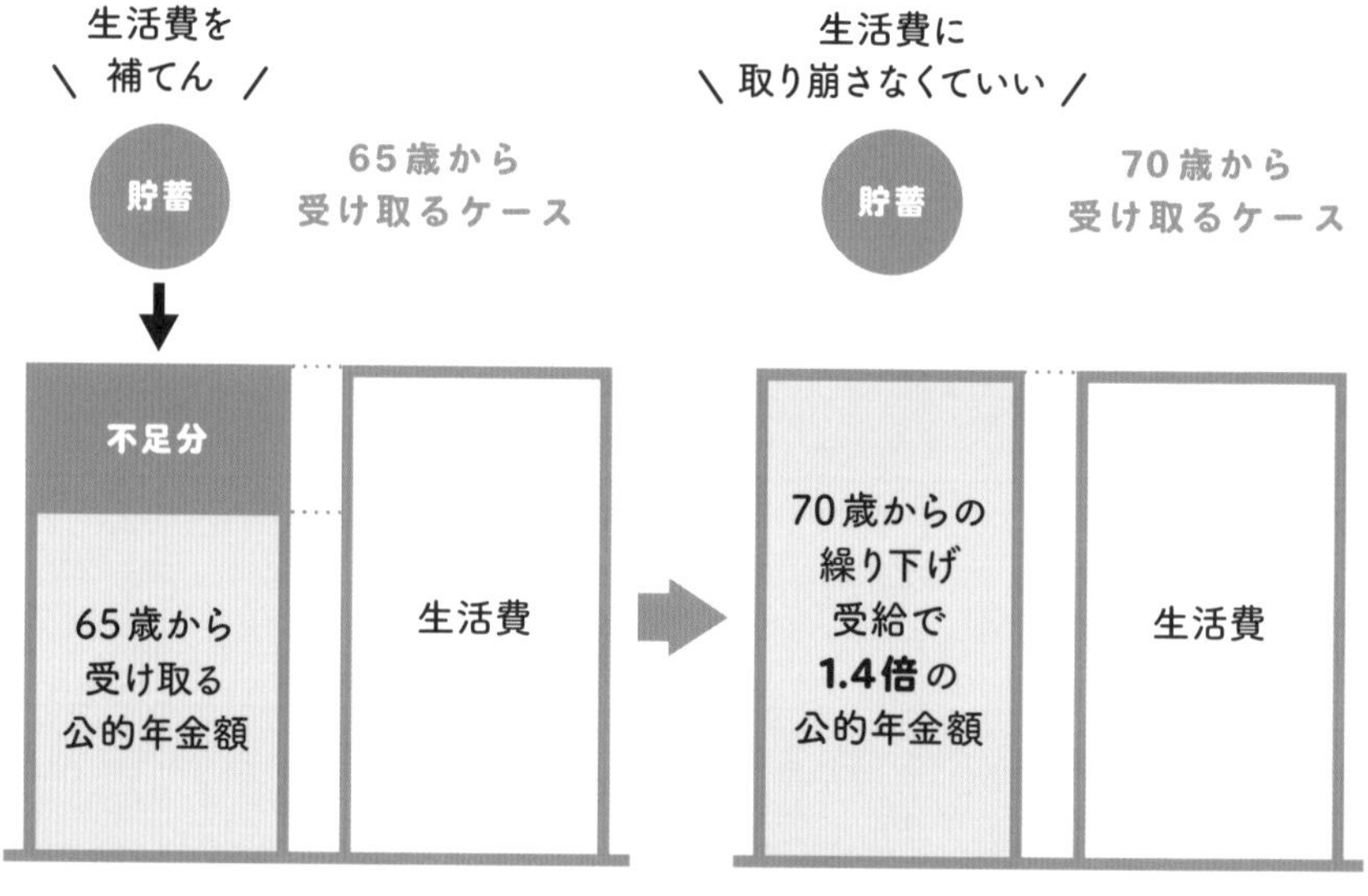

家計を節約

老後資金が心配なのに、資産が減る一方なんだよ
どうしよう…
節約してみたら？
めっちゃ節約してるっちゅーねん!!
え、そうなんだ
ゴメンゴメン
燃費節約のために最新の電気自動車に替えたし、屋根にはソーラーパネルを設置したし、海外旅行も基本エコノミーにしてるし……
こんなに節約の努力してるのになぜなんださっぱりわからん……
金遣い荒すぎ！そのうちお金を無心されそう……

60代前半問題とは？乗り切り方は？

かつて公的年金は60歳から受け取ることができました。年金制度の改正により、これを原則65歳に引き上げることになり、生年月日に応じて段階的に実施されています。男性は1961年4月2日以降生まれ、女性は1966年4月2日以降生まれ（公務員の女性は男性と同じ）の人からは全員65歳からの受け取りです。

ところが、会社員の定年は今も60歳の会社が8割（厚生労働省「就労条件総合調査平成29年」）。会社が定めた年齢で定年退職して働かないままだと、公的年金をもらうまで5年間の無収入期間が生じます。これが60代前半問題です。

対策として「高年齢者雇用安定法」で、「定年の引き上げ」、「継続雇用制度の導入」、「定年制の廃止」のいずれかの実施が企業に義務化されました。実際に多いのは継続雇用制度を導入した企業です。60歳でいったん退職金をもらって定年退職し、もとの職場やグループ企業で継続雇用される仕組みで、給与は下がるケースが多いようです。ごく一部ですが、定年を65歳に引き上げた企業もあります。勤務先の制度がどうなっているか、確認してください。

勤務先の経営方針によっては、50代で早期退職を打診されるケースもあるでしょう。公的年金を受け取るまでの無収入期間はさらに長くなります。この場合は一定期間、雇用保険から基本手当の給付を受けられるケースがあります（137ページ参照）。

会社員なら、60代前半問題の解決策は、継続雇用を選ぶのが手堅いのではないでしょうか。これまでに培ったスキルに自信があるなら、転職や起業もありでしょう。

自営業者は、65歳までといわず、事業の継続と発展を目標に。体調不良などにより、働くことが難しい場合は、公的年金を繰り上げて60歳からもらう方法もあります。ただし年金額は減額されます（115ページ参照）。

退職給付とは？退職金の平均額は？

退職時に勤務先からもらうまとまったお金のことを日常会話では退職金といいますが、正確には退職給付です。受け取り方により2つに分かれます。一度に受け取れば退職一時金、分割して受け取れば退職年金（いわゆる企業年金）。日本の会社では、約8割に退職給付の制度があります（厚生労働省「就労条件総合調査」平成30年）。

福利厚生の一環として給付するものなので、金額の決まり方も給付の仕方も、会社により異なります。退職一時金のみの会社もあれば、退職年金のみ、退職一時金と退職年金の両方の会社もあります。退職年金は、給付額が決まっているかどうかにより、確定給付年金と、企業型確定拠出年金に分かれます。自力で退職金制度をもつことが難しい中小企業では、国がサポートする「中小企業退職金共済」を導入しているところもあります。民間企業の主な退職給付のパターンを表にまとめました。

公務員は退職手当と呼ばれる退職一時金と、「年金払い退職給付」（現役時代に本人と事業主（国など）が保険料を積み立てる）を受け取ります。

勤務先の退職給付がどのパターンを採用しているかを確認しましょう。

民間企業の退職給付の主なパターン

退職一時金	退職（企業）年金		中小企業退職金共済	パターン
	確定給付年金	企業型確定拠出年金		
○				退職一時金のみ
○	○	○		退職一時金＋確定給付年金＋企業型確定拠出年金
○	○			退職一時金＋確定給付年金
○		○		退職一時金＋企業型確定拠出年金
	○			確定給付年金のみ
		○		企業型確定拠出年金のみ
			○	中小企業退職金共済

退職給付の平均額はどれくらいでしょうか。民間企業では700万円～2300万円まで、学歴と退職事由により差があります。学歴は大学・大学院卒が高校卒より高め。退職事由は、自己都合が最も低く、定年、会社都合、早期優遇の順に高くなっています。退職時の月収の24カ月分～49カ月分が支払われています。退職一時金はその金額、退職年金は年金現価額（将来受け取る年金の現在価値）、退職一時金と退職年金の両方をもらえるなら合計した金額です（表参照）。

公務員は、退職金の計算式が決められていて、民間企業の水準をもとに見直しも行われます。

退職者１人あたり退職給付額（勤続20年以上かつ45歳以上の退職者）

退職事由	大学・大学院卒		高校卒		高校卒（現業職）	
	退職給付額（万円）	月収換算（月分）	退職給付額（万円）	月収換算（月分）	退職給付額（万円）	月収換算（月分）
定年	1,983	38.6	1,618	40.6	1,159	36.3
会社都合	2,156	35.3	1,969	39.5	1,118	33.8
自己都合	1,519	29.6	1,079	29.7	686	23.9
早期優遇	2,326	43.4	2,094	50.8	1,459	48.6

厚生労働書省「就労条件総合調査」平成30年より抜粋して作成。対象は常勤30人以上の会社組織の民営企業。大学・大学院卒、高校卒は、管理・事務・技術職。月収換算は退職時の所定内賃金に対する退職給付割合

50歳から退職給付を増やせる？

退職給付の計算方法は、会社ごとに規定があります。入社時に説明があったはずですが、すっかり忘れてしまったなら、就業規則や賃金規則を確認しましょう。それでもわからないときは総務部や人事部に問い合わせを。

勤続年数をもとに計算する、退職直前の給与をもとに計算する、勤続年数や職能等級などをポイント化してポイント単価×ポイント数で計算するなどさまざまです。例えばポイント方式なら定年までの間にポイント数を増やせれば退職給付額が増えます。50歳から定年までは10～15年ありますから、会社に貢献する、役職が上がるなどにより、退職給付額を増やせる可能性もあります。勤務先の計算方法を知ってできることは取り組んでみましょう。

調べてみたら、入社当時とは退職給付制度が変更になっていたケースもあるでしょう。調査によれば過去3年間に退職一時金制度の見直しを行った企業の割合は9・3％、今後3年間に見直しを行う予定がある企業の割合は7・4％。退職年金制度については過去3年に見直しを行った企業の割合は5・1％、今後3年間に見直しを行なう予定がある企業の割合は2・6％です（厚生労働省「就労条件総合調査」平成30年）。

見直し内容として増えているのが、企業型確定拠出年金の導入です。企業型確定拠出年金は、将来の年金給付のために会社が出す金額は決まっているけれど、運用は社員本人が行うため、運用がうまくいかなかったときのリスクを会社として負う必要がありません（97ページ表参照）。

社員の側からみれば、自分の裁量で退職年金を増やせる可能性がある反面、受け取り額が確定せず運用のリスクも負うことになります。

95ページの退職給付のパターンを思い出してください。退職給付に企業型確定拠出年金が含まれている人は、そのぶんについては受け取り時まで、受け取り額がわからないということです。なるべくリスクを減らしつつ、少しでも増やせるような運用を心がけたいところです。

会社によっては、企業型確定拠出年金の口座に給与天引きで自分のお金も入れて運用できるようになっています。これをマッチング拠出といいます。

日本経済団体連合会が行った「退職金・年金に関する実態調査」（2018年9月度）によれば、企業型確定拠出年金を導入する企業のうち、マッチング拠出の導入企業は2012年には6・6％だったものが2018年には45・5％に増えています。

マッチング拠出の掛金は全額を所得控除にできるので、その分、所得税・住民税が安くなります。マッチング拠出により、現役時代は節税しつつ、退職年金の原資を増やすことができます。毎月の収支に余裕があり、真剣に運用に取り組む気持ちがある方は検討してはいかがでしょうか？

退職（企業）年金の種類と特徴

退職年金は、大きく確定給付年金と、企業型確定拠出年金に分かれます。名称の通り、確定給付年金は受け取り額があらかじめ決まっています。企業型確定拠出年金は、将来の年金のために会社が出す金額は決まっていますが、運用を社員自ら行うので、受け取り額は 運用の結果次第です（表参照）。

退職年金はもともと確定給付型が主流でした。将来の年金額を決め、運用を行って増やすことを前提に会社が掛金を積み立てていきます。ところが、長引く低金利などにより想定通りに増やすことができず、不足分の穴埋めが会社の本業を圧迫するケースも出てきました。そこで、年金を受け取る本人が自分で運用する制度として、2001年に確定拠出年金が創設されました。企業が導入できるのが企業型確定拠出年金、個人が自分の意思で利用できるのが個人型確定拠出年金です。

確定給付年金だったものを企業型確定拠出年金に変更する、確定給付年金に加えて企業型確定拠出年金も導入するなどの見直しが行われ、加入者は年々増えています。

これまで私が家計相談を受けた会社員の半数以上は企業型確定拠出年金の加入者でした。しかし、どんな運用をしていたか忘れてしまった、現在の資産評価額がわからない方がほとんど。確定拠出年金に加入できるのは60歳まで（企業型は規約で定めた場合は65歳まで）。ほったらかしなら、50歳からはきちんと向き合い、残り期間の運用方法を考えてください。

退職年金の種類と特徴

確定給付年金	企業型確定拠出年金
・将来の給付額を決め、それをもとに計算した掛金を会社が積立てみていく。 ・運用が予定通りにいかず、給付額を満たさないときは、不足分を会社が埋め合わせて、約束通りの年金を支払う。	・掛金のルールを決め、社員1人1人の専用口座に会社が掛金を払い込む。 ・利用できる金融商品のラインナップから社員が自分で選択して運用する。受け取り額は運用の結果による

自営業者の退職金制度

仕事を引退する時点でまとまったお金が欲しいなら、会社員とは違い、自営業者は自力で退職金代わりになるものを準備しなければいけません。2つの方法があります。

小規模企業共済とｉＤｅＣｏ（個人型確定拠出年金）への加入です（80ページ参照）。

小規模企業共済は、一度に受け取れば退職金代わりになりますし、条件を満たせば年金受け取りができるので退職年金としても使えます。

ｉＤｅＣｏは、年金という名前はついていますが、一時金受け取りも可能なので、退職金代わりに使えます。もちろん年金形式で受け取れば退職年金になります。

この2つのメリットは、掛金を払っている現役時代は、掛金の所得控除により所得税・住民税を減らせること、受け取り時には会社員の退職給付と同様に、税金計算で優遇が受けられることです。

自分の退職年金を持ち運ぶ

50歳の現役時代はまだ10年以

上ありますから、転職などにより立場が変わる可能性があります。その場合、自分が受け取る予定の退職給付がどうなるか、ご存知でしょうか？

退職一時金は退職時に1回で受け取って終了します。

退職年金は、①退職時に脱退一時金を受け取って終了する、②60歳以降まで待って受け取る、③それまで積み上げた資金を次の退職年金制度に移すという主に3つの選択肢があります。

転職の際、退職年金を脱退一時金で受け取って生活費に流用してしまうと、老後資金が足りなくなるかもしれません。有効に活用する明確なプランがあるケース以外は、50歳以降は、②か③がおすすめ。

②は2つのパターンがあります。1つは、会社を退職しても、もとの勤務先の制度に資産を残したまま60歳以降に受け取るパターン。もう1つは、企業年金連合会に資産を移し、公的年金に上乗せした終身年金として受け取るパターン。いずれも、受け取りまで1%前後の金利で運用してもらえるのがメリットです。どちらを選択できるかは、勤続年数や勤務先の制度にもよりますので、転職の際にはもとの勤務先の退職年金制度を確認してください。

国が拡充を進めているのが、③次の退職年金制度に移す、つまり制度間の持ち運び（ポータビリティ）です。メリットは、移した先でも掛金を積み立てて老後の年金を増やせること。代表的なケースを紹介します（表参照）。

退職年金資産の持ち運び（ポータビリティ）

		転職後		
		確定給付年金	企業型確定拠出年金	個人型確定拠出年金
転職前	確定給付年金	○*	○	○
転職前	企業型確定拠出年金	○*	○	○
転職前	個人型確定拠出年金	○*	○	継続

※規約で受け入れを定めている場合のみ
厚生労働省HP「確定拠出年金制度等の一部を改正する法律の主な概要（2018年5月1日施行）」をもとに作成

退職年金の持ち運びパターン

●会社員で確定給付年金または企業型確定拠出年金に加入している

↓転職後も会社員で、転職先に確定給付年金（※）または企業型確定拠出年金があれば、いずれかに移す。転職先に前述の2つがない、自営業になった、再就職しないなら、個人型確定拠出年金に移す。

●会社員で、自分で個人型確定拠出年金に加入している

↓転職後も会社員で、転職先に確定給付年金（※）または企業型確定拠出年金があれば、いずれかに移す。転職先に前述の2つがない、自営業になった、再就職しないなら、個人型確定拠出年金をそのまま継続する。

●自営業者で、自分で個人型確定拠出年金に加入している

↓転職により会社員になり、転職先に確定給付年金（※）または企業型確定拠出年金があれば、いずれかに移す。転職先に前述の2つがない、または再就職せず廃業なら個人型確定拠出年金をそのまま継続する。

※規約で受け入れが規定されている場合のみ

国が定めた原則は表の通りですが、実際には各年金制度の規約に基づいて運営されています。持ち運び先として最も難易度が高いのは確定給付年金です。受け入れる規約になっているところは少ないようです。一方、確定拠出年金は企業型と企業型、企業型と個人型の間で持ち運びができます。

自分の退職年金に、どんな持ち運びの選択肢があるかは、加入中の制度と、脱退後の立場によりますので、まずは加入中の制度に問い合わせて確認してください。

立場が変わり、変更が必要な場合は、手続きを忘れないように。

厚生年金基金に加入したことがあるなら注意

会社員の退職年金といえば、かつては「厚生年金基金」が中心でした。確定給付年金の一種です。しかし経済環境の悪化などで運営がうまくいかなくなり、解散や他の年金制度への移行が進んでいます。厚生年金基金の特徴は、公的年金の一部を国に代わって運用する「代行部分」があること。退職年金にあたる上乗せ給付部分と合わせて代行部分も厚生年金基金から給付する仕組みでした（次ページの図参照）。ところが、代行を返上して解散したり移行したりして状況が変わりました。厚生年金基金の加入履歴がある人は、受け取りもれがないよう注意が必要です。

例えば、厚生年金基金がある会社に勤務していて中途退職した場合、退職年金を一時金で受け取っても、代行部分はまだ受け取っていません。基金が存続しているなら基金に、代行返上しているなら企業年金連合会に代行部分がどうなっているか確認しましょう。

定年まで勤務する予定の人も、勤務先の制度が厚生年金基金で、解散や移行があったなら、今後どうなるか説明が行なわれたはずです。そういえば……と思いあたる方もいるかも。解散や移行の時期により次のようになります。

2014年3月31日以前に解散

代行部分、上乗せ部分ともに企業年金連合会から給付。解散

時に一時金をもらった場合は代行部分のみ給付。

2014年3月31日以前に移行

代行部分は企業年金連合会から、他の年金制度に移行した上乗せ部分は移行した制度から給付。

2014年4月1日以降の解散

代行部分は国から給付、上乗せ部分は企業年金連合会から給付。解散時に一時金をもらった場合は代行部分のみ給付。

2014年4月1日以降の移行

代行部分は国から給付、他の制度に移行した上乗せ部分は移行した制度から給付。

若い頃に何年か勤めていた会社が厚生年金基金だったかもしれないというケースも含め、企業年金連合会や、もとの勤務先に確認しましょう。企業年金連合会は、厚生年金基金の連合体として設立され、その後、企業年金連合会に改組して運営されている機関です。

新卒で入社した会社に定年まで勤め続ける場合でも、途中で退職給付制度の変更があれば、受け取り方が複雑になります。現役時代に転職を繰り返した場合は、さらにわかりにくくなりますが、退職年金は老後資金に使える大事な給付です。面倒がらずに、これまでの仕事の棚卸をする気持ちで、過去に加入していた制度を確認しましょう。

厚生年金基金の運営と支給のしくみ

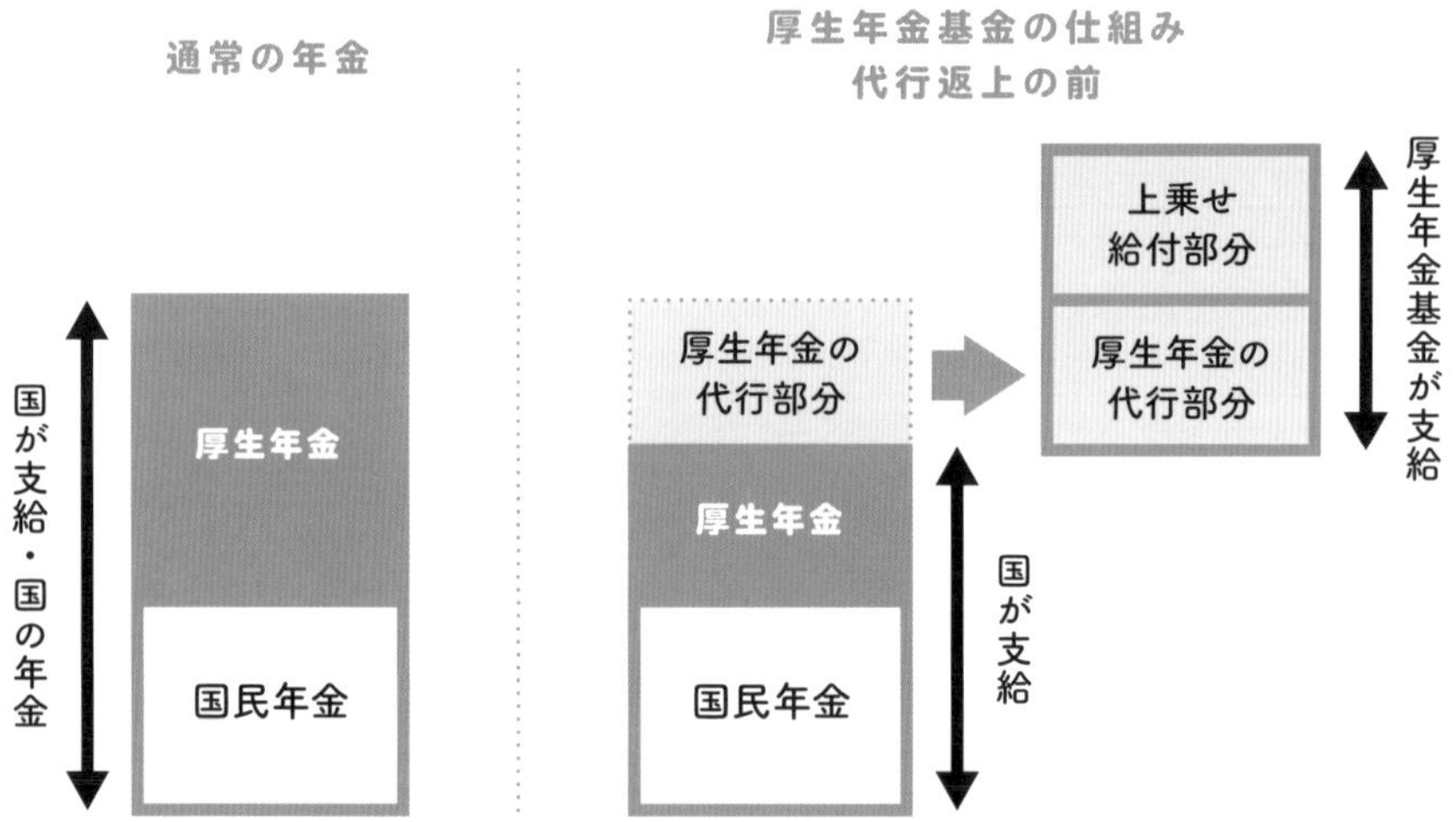

¥お金と健康

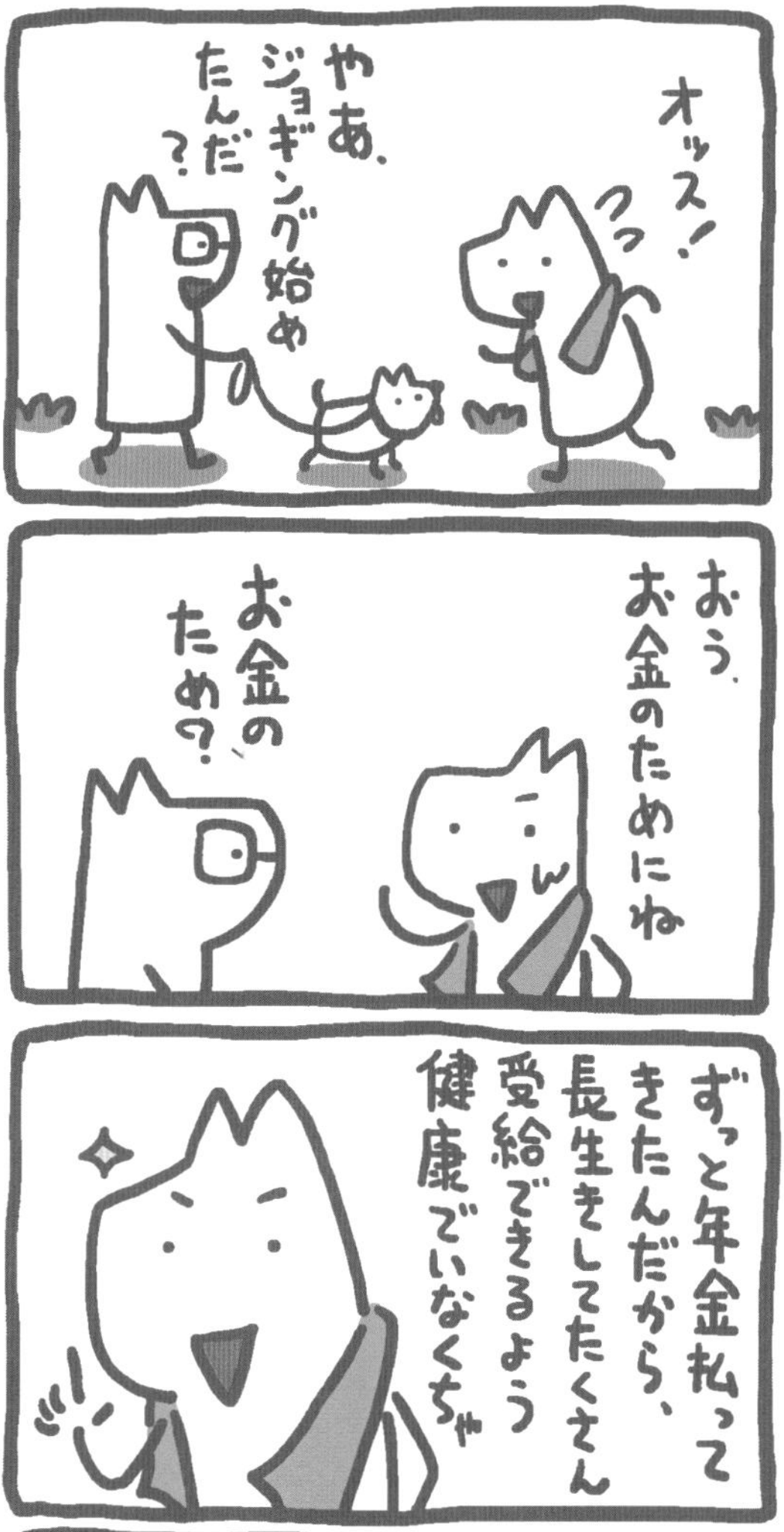

オッス!
つっ
やあ、ジョギング始めたんだ?
おう、お金のためにね
お金のため?
ずっと年金払ってきたんだから、長生きしてたくさん受給できるよう健康でいなくちゃ
いずれにしろ長生きしそうなタイプだな
つっ

¥ 金融商品は何がいい？

50歳を超えて老後の資金が不安になってきたよ……
お、わかるわ～～
資産運用するとしたら、定期預金？それとも個人向け国債？投資信託？株式？いろいろあってよくわからないんだよねー
だよな～～
もっとシンプルな投資方法を教えてやろうか？
資産運用の勉強してこよーっと
この馬が絶対にくるんだよオレに投資してみない？

¥ 退職金の受け取り方

本日、退職します。
長い間、おつかれさまでした
我が社では退職金の受け取り方法を3つの中から選べますよ
総務
①一度にまとめて受け取る退職一時金
ドン
②分割して受け取る退職年金
③どこかに埋めるので探して受け取る退職埋蔵金
③以外で!!
えー楽しいのに〜

マネープランに合わせた退職給付の受け取り方

会社員は、「退職給付とは？」のページ（94ページ）にも書いたとおり、日本の会社の約8割に退職給付制度があります。勤務先の制度だけでは少ない、退職給付制度がない会社の社員は、自分で個人型確定拠出年金に加入する、財形年金に加入するなどして増やしましょう。自営業者は自営業者向けの制度を活用してください。少しでも多く、老後に受け取る資金を確保したうえで、問題は受け取り方です。

特に退職年金は、年金という名前はついていても、一時金受け取りや、一時金と年金受け取りを併用できる仕組みが多いのです。つまり、自分のマネープランにもっとも合う受け取り方を選ぶ必要があります。その際のポイントは、老後の収入の柱である公的年金と合わせて考えること。また、公的年金にも退職給付にも税金がかかるので、税金面でなるべく有利な方法を選択することです。

具体例は、124ページから紹介します。

退職給付にかかる税金

退職給付には、所得税と住民税がかかります。ただし、控除により税金が少なくなるよう優遇されています。一時金か年金かで税金計算の方法が違います。

退職一時金には大きな非課税枠

退職一時金は「退職所得」として、他の所得とは分けて、退職所得だけで税金計算をします。

退職一時金として受け取った金額に丸ごと税金がかかるわけではなく、退職所得控除を引くことができます（次ページの図参照）。

例えば22歳で入社した会社に勤め続けて50歳になった人が退職した場合は、勤続28年ですから、800万円＋70万円×8年＝1360万円です。受け取った退職一時金がこれ以下なら退職所得控除を引くとマイナスなので税金はかかりません。同じ人が60歳で定年退職したら勤続年数38年ですから退職所得控除額は、800万円＋70万円×18年＝2060万円に増えます。勤続年数が長いほど退職所得控除額は大きくなります。退職所得控除額より少ないなら非課税。超えたら、超えた分の2分の1が課税対象。とても優遇されていることがわかります。この課税退職所得金額に税率を掛けます。税率は所得税率を使います。

所得税率は、所得が高いほど税率も高くなる累進課税で、2037年までは2・1％の復興特別所得税が上乗せされます。速算表（106ページ）を使えば、復興特別所得税も含めた税額を計算できます。

例えば勤続38年で2500万円の退職金を受け取った人は、先ほどの計算で退職所得控除額は2060万円なので、

（2500万円－2060万円）×1／2＝440万円×1／2＝220万円＝課税退職所得

速算表に当てはめて

（220万円×10％－9万7500円）×102．1％＝12万5072円（1円未満の端数は切り捨て）が所得税です。

通常、「退職所得の受給に関する申告書」を勤務先に提出することにより、勤務先で税金計算を行って源泉徴収した上で支払われます。「退職所得の受給に関する申告書」を提出しな

退職一時金は退職所得控除を引いた上で 1／2にできるので税金面で有利

退職所得にかかる税金の計算式

課税退職所得金額

（退職一時金 − 退職所得控除）× $\frac{1}{2}$ × 税率

退職所得控除

- 勤続年数 20 年以下 … 40万円×勤続年数（80万円より少ないときは80万円）
- 勤続年数 20 年超 … 800万円＋70万円×（勤続年数－20 年）

所得税率

- 課税退職所得金額に対して5～45％

計算方法は次ページを参照

退職所得の源泉徴収税額の速算表

課税退職所得金額 A	所得税率 B	控除額 C	税額＝(A×B－C)×102.1%
195万円以下	5%	0円	(A×5%)×102.1%
195万円を超え330万円以下	10%	97,500円	(A×10%－97,500円)×102.1%
330万円を超え695万円以下	20%	427,500円	(A×20%－427,500円)×102.1%
695万円を超え900万円以下	23%	636,000円	(A×23%－636,000円)×102.1%
900万円を超え1,800万円以下	33%	1,536,000円	(A×33%－1,536,000円)×102.1%
1,800万円を超え4,000万円以下	40%	2,796,000円	(A×40%－2,796,000円)×102.1%
4,000万円超	45%	4,796,000円	(A×45%－4,796,000円)×102.1%

国税庁「タックスアンサー」別紙退職所得の源泉徴収税額の速算表より抜粋

いと、退職一時金から一律20・42%の所得税を引かれます。自分で確定申告を行い退職所得控除を使った計算で精算します。

住民税は、課税される退職所得の計算方法は同じで、税率は一律10%。住民税は通常、翌年の支払いですが、退職金にかかる分は退職金から引いてもらえます。また、勤務先に申し出て退職時に一括で支払いが終わっていない住民税を差し引いてもらうこともできます。勤務先を通して給与や退職金から源泉で税金を納めることを特別徴収といいます。特別徴収を選択しない場合は、普通徴収となり、自治体から送付される納付書を使って自分で納めます。

退職年金の一時金受け取り、脱退一時金も退職所得になる

確定給付年金や企業型確定拠出年金といった退職年金を一時金で受け取った場合や、脱退一時金を受け取った場合も、退職所得と見なされます。例えば、退職一時金が1000万円、企業型確定拠出年金の一時金受け取りが300万円なら、合計の1300万円を退職金として、1300万円から退職所得控除を引いて税金を計算します。

iDeCoの一時金受け取りは退職金と同じ扱い

iDeCo（個人型確定拠出年金）の一時金受け取りも退職所得です。加入する個人型確定拠出年金の金融機関（記録関連運営管理機関）に、「退職所得の受給に関する申告書」を提出することで、退職所得控除を差し引いて税金計算をし、所得税を源泉徴収して振り込まれます。会社員が勤務先の退職一時金を同時に受け取った、自営業者が小規模企業共済を一時金で受け取ったときは合算した金額を退職所得と見なします。

同じ年に一時金として受け取ったものは合算して、そこから退職所得控除額を引きます（図参照）。

複数回の退職一時金受け取りは税金に注意

転職などにより、別の年に2回目以降の退職一時金を受け取った場合は、前回が何年前か、重複して勤務していた期間があるかなどにより退職所得控除を計算するときの勤続年数が違ってきます。勤務先に確認してください。

同じ年に一時金で受け取ったものは合算し、合計から退職所得控除額を引く

退職一時金

＋

退職年金の一時金受け取り

＋

企業型・個人型確定拠出年金の一時金受け取り

＋

小規模企業共済など

退職年金は公的年金と合算して税金を計算する

退職年金にも所得税と住民税がかかります。税金計算は退職一時金より複雑です。退職年金だけで税金計算をするのではなく、その年1年間の、他の所得も合わせて計算する総合課税だからです（108ページ参照）。

税金計算では、所得を10種類に分けます。退職年金は雑所得に分類されます。他の9つの所得のどれにも当てはまらないものを雑所得といい、①公的年金等と、②公的年金等以外に分かれます。①公的年金等には、公的年金のみならず、勤務先の退職年金や個人型確定拠出年金なども含まれます。「公的年金＋退職年金」の形で複数の年金を受け取っているなら合計し、合計額から公的年金等控除額を引いたものが公的年金等の雑所得になります。

ちなみに、財形年金は金融商品の一種で、公的年金等の雑所得ではありません。財形年金のみで税金の計算を行い、60歳以降に年金として受け取れば利益は非課税です。

所得は、給与所得、事業所得、不動産所得、譲渡所得、利子所得、配当所得、山林所得、退職所得、一時所得、雑所得の10種類。

1年間の各所得を合計して
税金を計算するのが総合課税。

雑所得

公的年金等の雑所得
複数の年金をもらっているなら
合算してから、
公的年金等控除額を差し引く

＋

その他の雑所得

＋

**給与所得、事業所得など
他の9つの所得**

計算式

収入金額
複数の年金を
もらっているなら
1年分を合算

－

**公的年金等
控除額**

＝

**公的年金等
の雑所得**

所得税の速算表

課税される所得金額	税率	控除額
195万円以下	5%	0円
195万円を超え　330万円以下	10%	97,500円
330万円を超え　695万円以下	20%	427,500円
695万円を超え　900万円以下	23%	636,000円
900万円を超え　1,800万円以下	33%	1,536,000円
1,800万円を超え4,000万円以下	40%	2,796,000円
4,000万円超	45%	4,796,000円

総合課税である退職年金は、他にも雑所得があれば、それを合わせて雑所得の合計を出し、さらに他の所得があるなら全部を合算して1年間の合計所得を出して、これをもとに税金計算を行います。つまり、年金をもらいながら、仕事の収入があったり、アパートの家賃収入があったりすれば所得税や住民税が高くなるということです。

ただし、公的年金等は優遇されていて、合算前に公的年金等控除額を引くことができます。公的年金等控除額の計算方法は2020年より改正され、65歳未満か、65歳以上かという年齢に加えて、公的年金等以外の所得がどれくらいあるかによって異なるようになりました（表参照）。

公的年金等控除額の計算方法（2020年改正後）

65歳未満の場合

		公的年金等に係る雑所得以外の所得に係る合計所得金額		
		1,000万円以下	1,000万円超 2,000万円以下	2,000万円超
公的年金等の収入金額	130万円以下	60万円	50万円	40万円
	130万円超 410万円以下	公的年金等の収入金額 ×25%＋27.5万円	公的年金等の収入金額 ×25%＋17.5万円	公的年金等の収入金額 ×25%＋7.5万円
	410万円超 770万円以下	公的年金等の収入金額 ×15%＋68.5万円	公的年金等の収入金額 ×15%＋58.5万円	公的年金等の収入金額 ×15%＋48.5万円
	770万円超 1,000万円以下	公的年金等の収入金額 ×5%＋145.5万円	公的年金等の収入金額 ×5%＋135.5万円	公的年金等の収入金額 ×5%＋125.5万円
	1,000万円超	195.5万円	185.5万円	175.5万円

65歳以上の場合

		公的年金等に係る雑所得以外の所得に係る合計所得金額		
		1,000万円以下	1,000万円超 2,000万円以下	2,000万円超
公的年金等の収入金額	330万円以下	110万円	100万円	90万円
	330万円超 410万円以下	公的年金等の収入金額 ×25%＋27.5万円	公的年金等の収入金額 ×25%＋17.5万円	公的年金等の収入金額 ×25%＋7.5万円
	410万円超 770万円以下	公的年金等の収入金額 ×15%＋68.5万円	公的年金等の収入金額 ×15%＋58.5万円	公的年金等の収入金額 ×15%＋48.5万円
	770万円超 1,000万円以下	公的年金等の収入金額 ×5%＋145.5万円	公的年金等の収入金額 ×5%＋135.5万円	公的年金等の収入金額 ×5%＋125.5万円
	1,000万円超	195.5万円	185.5万円	175.5万円

公的年金等からは一定の控除があるけれど、受け取る公的年金等が多いほど、他にも所得があればそれが多いほど控除額が少なくなる仕組みです。一体いくらまでなら、公的年金等の収入に税金がかからないかをまとめたのが下の表です。例えば、公的年金等以外の所得の合計が1000万円以下の65歳以上の人なら、年間110万円までの公的年金等は非課税で受け取れます。これを超えた分は、他の所得と合算して税金の計算が行われます。

所得税、住民税とも、基本的な税金計算の流れは同じです。ただし、所得税は所得が多い人ほど税率が高くなる累進課税（108ページ税率表を参照）、住民税は一律10％で、これに5000円（復興特別所得税を含む、自治体により多少異なる）の均等割が加算されます。

公的年金等に税金がかからない上限額

受け取る人の年齢	公的年金等以外の所得の合計が1,000万円以下	公的年金等以外の所得の合計が1,000万円超2,000万円以下	公的年金等以外の所得の合計が2,000万円超
65歳未満	60万円	50万円	40万円
65歳以上	110万円	100万円	90万円

公的年金等の収入が多いと所得税や住民税が高くなり、国民健康保険に加入の場合は（132ページ参照）、国民健康保険料や介護保険料、さらに国民健康保険や介護保険を利用したときの自己負担額も高くなる可能性があります。退職年金をたくさんもらえるのはうれしいけれど、税金や社会保険料、自己負担額も増えるわけです。

税制改正は毎年行われ、数年に一度は生活者に大きな影響が出る改正もあります。現在50歳の人が退職給付を受け取る頃には、非課税で受け取れる上限額が違っているかもしれません。税制改正のニュースを把握し、実際に退職年金を受け取る際は、運営する年金制度のコールセンターや勤務先の該当部署に、どれくらいの税金がかかるかを確認し、なるべく有利な受け取り方法を選択してください。

¥ 退職金にも税金

オレたちも遂に退職か
カンパーイ
30年、よく働いたよな、お互いに
退職金も出るし新しいこと始めるかなぁ
税金でどのくらい持ってかれるんだろうね
えっ 退職金にも税金ってかかるのか!?
うん、
まあ控除もあるみたいだけど
オレ、30年無遅刻無欠勤だったよ!
そういう控除はないだろうねぇ……

公的年金の仕組みをしろう

50歳は、将来、公的年金をいくらもらえる?

公的年金額は毎年、変わる

ご存知でしょうか? 公的年金の額は毎年4月分から改定されます。「えっ? ねんきん定期便で確認した見込額（1章参照）をもらえるんじゃないの?」と疑問に思われたことでしょう。見込額は現在の水準での金額です。公的年金は、改定ルールをもとに物価変動や現役世代の給与の変化にあわせて毎年改定される仕組みです。物価が上がったり、現役世代の給与が増えたりしているときに、公的年金額が変わらないと、年金生活者は不利になるからです。例えば2019年度は前年度より0・1%プラスで改定されました。プラスだけではなくマイナスの年もあります。2017年は物価も賃金も下がったことから0・1%マイナスで改定されました。改定時には、長期的に安定した給付を行うためのマクロ経済スライドと呼ばれる調整も行われます。

今後は増える? 減る?

公的年金額は毎年改定され、それは受け取り始めた後も続きます。50歳なら、65歳の受け取り開始まで15年、90歳まで生きるなら受け取り期間が25年。合わせて今後40年間にも渡る給付額を予測するのは至難のわざです。しかし公的年金が国の制度である以上、安定した給付を続けるのが国の責務。そのため、5年に一度、公的年金の財政検証が行われます。2019年の財政検証の結果から、2019年に50歳の人の今後の年金額を紹介しましょう。

表をご覧ください。一番下が1969年生まれで2019年に50歳の人の見通しです。マスの中は、上から月あたりの年金額、現役男子の平均賃金と比較した割合、年齢です。

生年別に見た年金受給後の厚生年金の標準的な年金額（夫婦2人の基礎年金含む）の見通し【モデル年金（ケースIII）】

生年度（2019年度における年齢）	2019年	2029年	2034年	2039年	2044年	2049年	2054年	2059年
現役男子の平均賃金（手取り）	35.7万円	38.9万円	41万円	43.3万円	45.7万円	48.2万円	50.9万円	53.7万円
1954年度生まれ 65歳	22万円 61.7% 65歳	20.8万円 53.5% 75歳	20.1万円 49.1% 80歳	19.5万円 45% 85歳	19.1万円 41.7% 90歳			
1969年度生まれ 50歳			**23.2万円 56.6% 65歳**	**22.4万円 51.9% 70歳**	**21.7万円 47.6% 75歳**	**21.4万円 44.5% 80歳**	**21.4万円 42.1% 85歳**	**21.9万円 40.8% 90歳**

年齢。厚生労働省　2019（令和元）年財政検証関連資料より抜粋して作成。
65歳時の割合は新規裁定時の標準的な年金額の所得代替率、70歳以降は各時点の年金額と同時点における現役男子の平均賃金との比較

年金額は1人分ではなく、平均的な給与で会社員として40年働いた夫と専業主婦の妻の合計額です。公的年金では、これをモデルとして使います。月当たりの年金額は20万円台前半を維持しつつ徐々に減っていきます。同じ時期の現役男子の平均賃金と比べると、受け取り始めた時点は56・6%、その後は、比率が低下して90歳の時点では40・8%です。参考までに2019年に65歳になる人の年金額も記載しました。金額は50歳の人より少なめですが、現役男子の平均賃金に対する比率は高くなっています。しかし、徐々に比率が下がっていくのは同じです。

公的年金のうち厚生年金は現役時代の給与にも比例するので、給与が高かった人や共働きの夫婦は、このモデルとは異なる年金額になります。自営業者、シングルも異なります。しかし、どの立場であっても、現役世代の給与と比べた比率は下がっていくと覚悟した方がよさそうです。

物価や給与は経済の動向に左右され、経済は出生率や労働人口の影響を受けるので、財政検証では、いくつかのケースで試算が行われます。紹介したのは、出生や死亡は中位、経済成長と労働参加が進むケースIIIです。

公的年金の仕組みをおさらい

日本に住む人は原則20歳から60歳まで国民年金または厚生年金に加入し、10年以上の加入期間があれば65歳から公的年金をもらうことができます。

会社員や公務員など雇われて働く人は、厚生年金に加入し、これにより国民年金にも加入していることになります。保険料は勤務先と本人が半分ずつ払います。それ以外の人、自営業者や学生、無職の人は国民年金に加入して自分で保険料を払います。特例的な扱いなのが、厚生年金に加入する会社員や公務員に扶養されている配偶者（専業主婦・夫）で、国民年金に加入していますが保険料を自分で払う必要はありません（配偶者の厚生年金保険料のみでよい仕組みです）（図参照）。

65歳以降にもらえる年金は、国民年金の場合は加入期間で決まります。20歳から60歳までの480カ月（40年）が加入できる上限で、40年加入で年間78万100円（2019年度）。月あたりの金額は12で割って6万5008円です。10年以上加入していればもらえますが、加入期間が10年なら4分の1ですから受け取り額も4分の1、年間19万5025円、月当たりは1万6252円。満額に近づけるよう任意加入など（77ページ）を検討してください。

厚生年金加入者は、65歳以降、国民年金と厚生年金の両方をもらえます。厚生年金は現役時代の給与と加入期間に連動します。高い給与で長く加入していた人ほど高くなります。ただし、保険料や厚生年金を計算する際の月の給与（標準報酬月額）は62万円が上限で、それ以上の人も62万円で計算されるので、もらう厚生年金にも上限が生まれます。現役時代の給与ほどには、厚生年金では大きな差が出ない仕組みです。現役時代に高給だった人は、厚生年金もたくさんもらえると期待しすぎない方がいいでしょう。

厚生年金は60歳以降も会社員として働き勤務時間などの条件を満たせば70歳まで加入できます。

会社員や公務員などとして勤務していた時期と、自営業や無職、専業主婦（夫）の時期の両

公的年金の基本の図

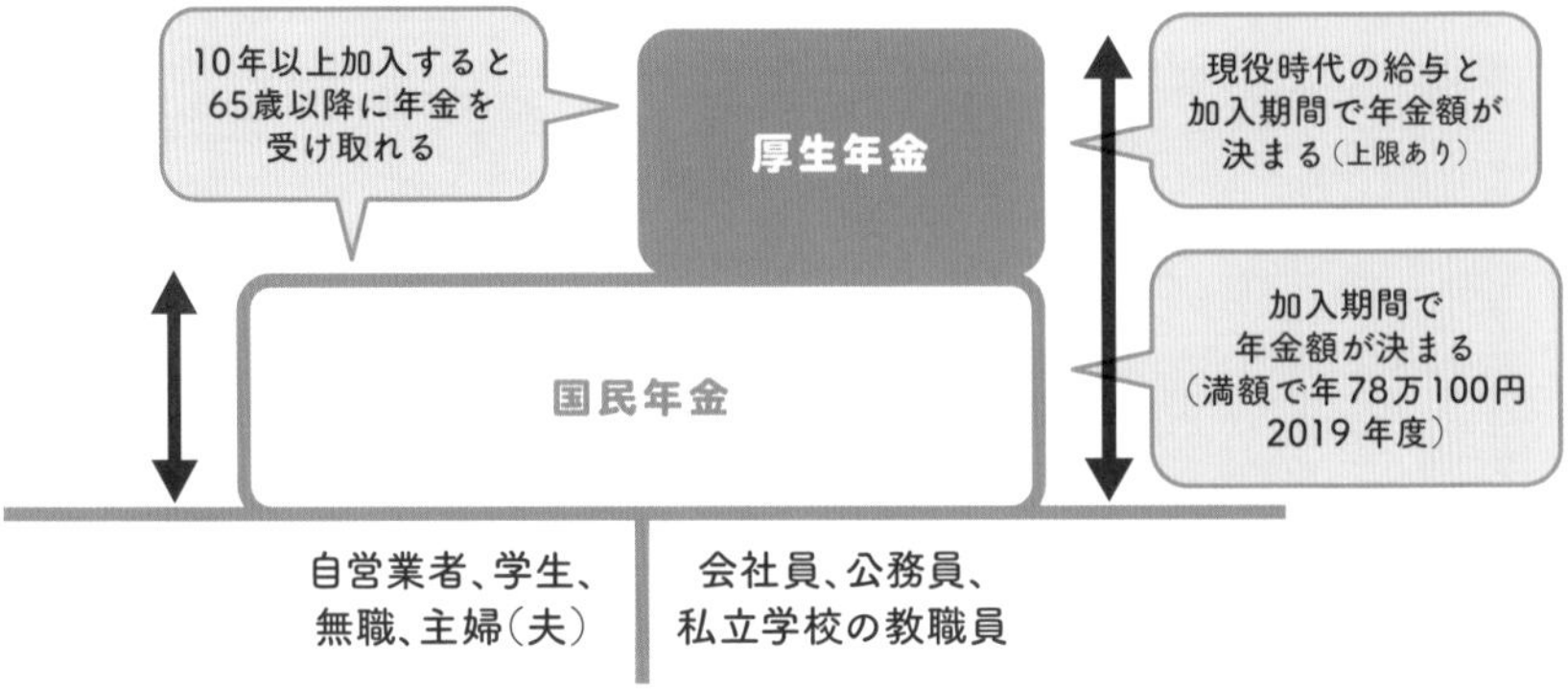

方がある人は、1カ月以上厚生年金に加入していれば、そのぶんを国民年金と合わせて受け取ることができます。

公的年金は こんなときにも受け取れる

65歳以降、老後の生活のために受け取る年金を老齢年金といいます。老齢年金以外にも、もらえる年金があります。また条件を満たせば給付が受けられるものもあります。

● 障害年金

老齢年金を受け取る前に障害者として認定されたとき。障害状態が続いている間、本人がもらえます（135ページ参照）

● 遺族年金

本人が亡くなって、生計を維持されていた遺族がいるとき、遺族がもらえます。（136ページ参照）

● 加給年金と振替加算

厚生年金の加入期間が20年以上ある人が、65歳で老齢年金を受け取り始めたとき、その人に生計を維持されている65歳未満の配偶者や高校生以下の子どもがいると、年額39万100円の加給年金が上乗せされます。配偶者が65歳になって自分の年金を受け取り始めると終了し、その代わり配偶者に振替加算（金額は生年月日により異なる）がつきます。ただし、配偶者が昭和41年4月2日以降生まれなら振替加算はつきません。

生計を維持されているとみなされるのは、年収が850万円未満の配偶者。ただし、配偶者の厚生年金加入が20年以上になると加給年金はもらえません。

繰り上げや繰り下げで年金額が変わる？

公的年金は原則65歳からの受け取りですが、1カ月単位で受給開始時期を繰り上げたり、繰り下げたりできます（116ページの表参照）。

60歳からの受け取りは3割減

65歳より早く受け取り始める繰り上げでは、1カ月ごとに0・5%年金額が減ります。1年繰り上げて64歳から受け取ると、0・5%×12カ月で6%の減少。60歳まで繰り上げることができますが、そうすると0・5%×12カ月×5年で30%減ります。そして、いったん繰り上げると変更はできず、一生、3割減の年金額を受け取ることになります。早くから受け取れますが、そのぶん、年金額が減るため、毎年の受け取りを累計した受け取り総額は、77歳で65歳からの受け取りに逆転されます。

また、繰り上げ受給を始めた後に障害者になっても障害年金をもらうことはできません。

体調不良などで仕事の収入を増やすことが難しく、手元の生活資金がどうしても必要という場合の選択肢と言えます。

70歳からの受け取りは4割増

逆に65歳より遅く受け取り始める繰り下げでは1カ月ごとに0・7%増えます。1年繰り下げて66歳からの受け取りなら、0・7%×12カ月=8・4%増えます。70歳まで繰り下げることができ70歳からの受け取りなら0・7%×12カ月×5年で42%増えます。増えた年金を一生もらえます。受け取り開始は遅くなりますが、年金額が増えるので82歳以上生きれば65歳からより受け取り総額は増えます。70歳超の繰り下げを可能にする改正も検討されています。

デメリットもあります。年下の配偶者などがいる場合に支給される加給年金は、繰り下げ期間中は受け取れません。

繰り下げにより、退職年金を含めた公的年金等の所得が増えると、所得税、住民税、国民健康保険料などが高くなるケースがあります。

自分が思い描く60歳以降のマネープランと合っているかを含めて検討してください。

公的年金の繰り上げ受給と繰り下げ受給

65歳より早く受け取る	繰り上げ受給（60歳まで）	1カ月繰り上げるごとに0.5%減 60歳から受け取ると30%減	・取り消し不可 ・繰り上げ後は障害年金の請求不可 ・厚生年金を繰り上げるときは基礎（国民）年金も同時に繰り上げる
65歳より遅く受け取る	繰り下げ受給（70歳まで）	1カ月繰り下げるごとに0.7%増 70歳から受け取ると42%増	・繰り下げて増額の年金を受け取るか、さかのぼって本来の年金を受け取るかを請求時に選択できる。 ・厚生年金と基礎（国民）年金で、それぞれ繰り下げ時期を選択できる。 ・繰り下げている間は加給年金を受け取れない

人生パターン別の公的年金

公的年金は114ページ（公的年金の基本の図）でも紹介したとおり、国民年金だけをもらう人と、国民年金と厚生年金の両方をもらう人に分かれます。厚生年金は1カ月以上加入していればもらえるので、一度も厚生年金に加入したことがない人以外は、国民年金と厚生年金の2階建てです。加入期間が短くても、払った保険料と期間に応じた厚生年金が上乗せされます。

ずーっと会社員、あるいはずーっと自営業で働き方に変化がない人は加入履歴が単純でわかりやすいです。若い頃、数年だけ会社に勤めていた、短期間で転職を繰り返した、自営業と会社員の両方の期間が入り交じっているなど加入履歴に変遷がある人は、正しく反映されているか、確認しましょう。

通常はハガキで届く「ねんきん定期便」ですが、節目年齢（35歳、45歳、59歳）には封書で加入履歴が記載された書類が届きます。また、「ねんきんネット」に登録すると、インターネットでいつでも自分の加入履歴を確認できます。「ねんきんネット」は、「ねんきん定期便」に記載されたアクセスキーを使って登録します。記録もれや誤りがあったときは、最寄りの年金事務所に届け出て正しい記録に訂正してもらうことで、年金額が増えるケースもあります。

夫婦は公的年金の突き合わせを

シングルなら自分の公的年金を確認すればよいのですが、夫婦は2人分の公的年金と、年齢差による受け取りパターンを把握しておくのがポイントです。

老齢年金いつもらう?

老齢年金って繰り上げて60歳からもらえるって本当なの?
うん、その代わり支給額が減っちゃうけどね
減るのは困るなぁ〜
ただでさえ足りないのに
逆に70歳まで受給を繰り下げれば、支給額がアップするんだよ
へーそれって……
生お待ち
ガマンするほどビールがうまいのと同じだな!
カーッ
その飲み方体によくないよ?

夫婦の公的年金の組み合わせ

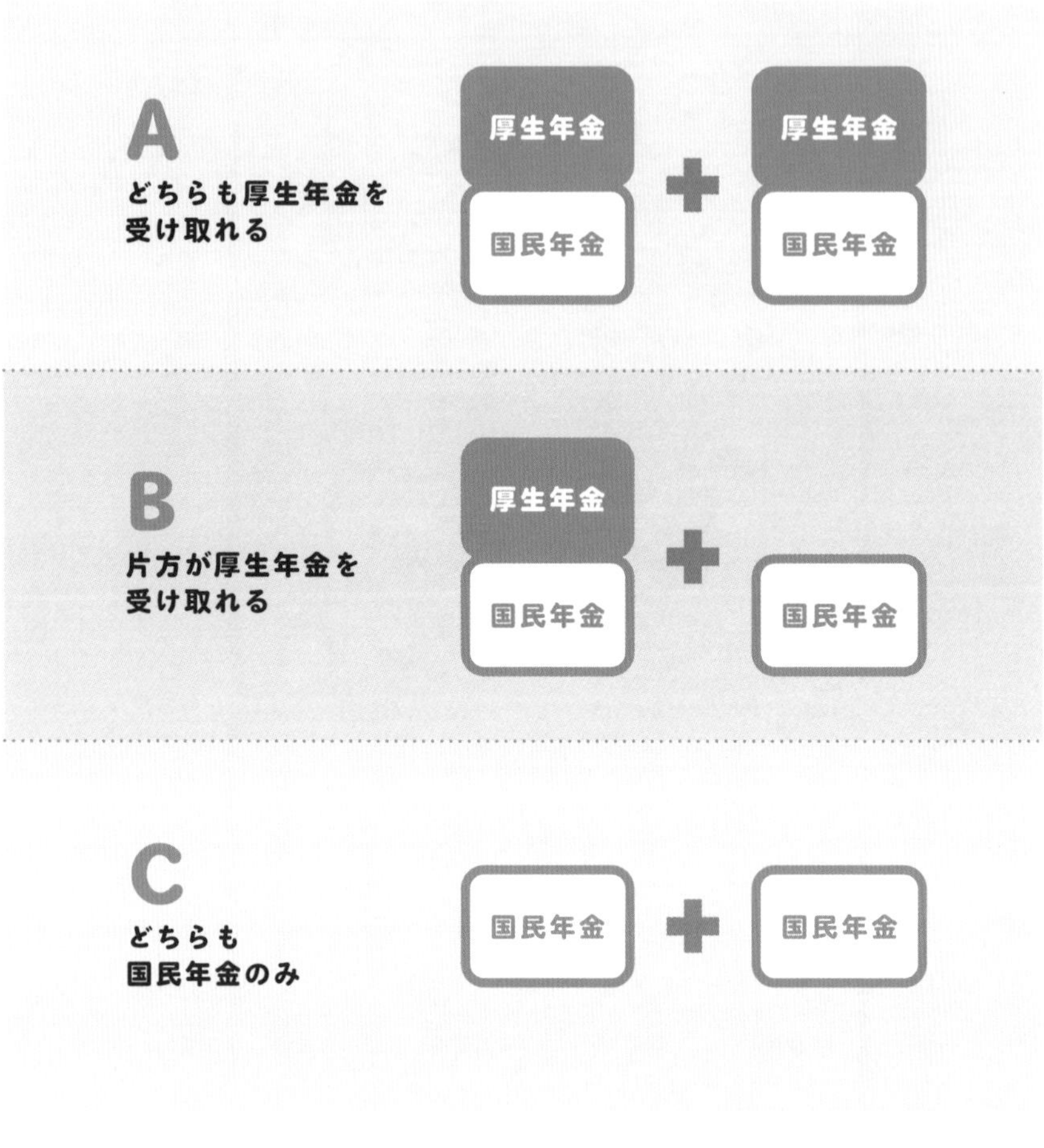

図のＡＢＣのうち、あなたはどれに当てはまるでしょうか。さらに「ねんきん定期便」で見込額を調べて、夫婦２人の公的年金の合計額がいくらになるかも確認してください。正社員の共働きで、どちらも定年まで勤務する予定なら、夫婦ともに相応の厚生年金をもらえるはずです。どちらか、あるいは両方とも厚生年金の加入期間が短いなら、そのぶん、公的年金額は少なくなります。どちらも国民年金だけの夫婦は、２人分の満額でも年間約１５６万円。月あたりは13万円です。今のうちから対策が必要なことを実感されたことと思います。

原則通り65歳からの受け取りなら、いつから２人分をもらえるかの確認も必要です。

夫婦の公的年金の受け取り

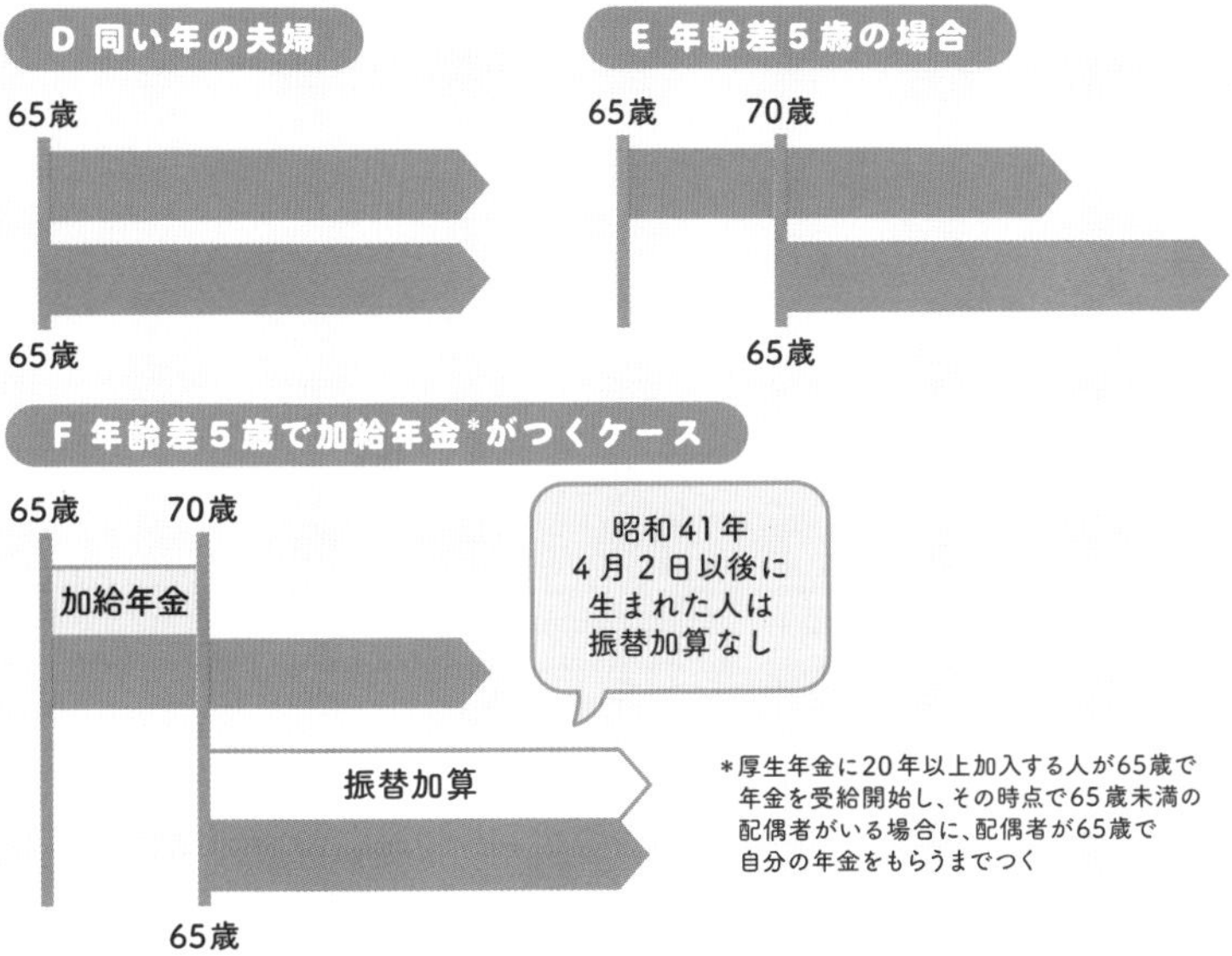

D 同い年の夫婦

同じ年に公的年金を受け取り開始できます。

E 年齢差がある夫婦

年齢差の分、2人分受け取れるまでの期間があります。その間の対策が必要です。

F 年齢差があり加給年金を受け取れる夫婦

厚生年金の加入期間が20年以上ある人で、その人に生計を維持されている*配偶者がいるときに、配偶者が65歳に達して自分の年金を受け取るまで加給年金がつきます。加給年金は年間約39万円、年齢差が大きいほど加給年金の受け取り期間は長くなり、受け取り総額も増えます。配偶者が65歳になると加給年金は停止、代わりに配偶者の生年月日によっては配偶者に振替加算がつきます。配偶者が年上の場合は加給年金はつきません。

夫婦の場合、原則65歳からの受け取りでも、このようにいくつかのパターンがあります。

これに、繰り上げ、繰り下げも加えると、かなりの受け取りパターンが生まれます。

*「生計を維持されている」とは
1、同居している（別居でも仕送りしている）
2、前年の収入が850万未満（所得650万5000円未満）であること

公的年金を受け取りながら給与をもらった年の調整

60歳を過ぎても働く予定なら、知っておきたいのが在職老齢年金です。働いて給与をもらいながら公的年金を受け取った場合、合計額が一定以上の金額になると公的年金の一部が支給停止（＝減額）されることを指します。

60代前半（60歳から65歳未満）では、月あたりの公的年金（加給年金を除く）と給与（ボーナスがあるなら合算して12で割る）の合計が28万円を超えると減額されます。65歳以上になると、合計額が47万円を超えると減額されます。

上限額は60代前半の方が低くなっていますが、65歳以上と同じ47万円に引き上げる改正案が検討されていて実現する見通しです。

境目は、公的年金と給与の合計で月47万円

男性は1961年4月2日以降、女性は1966年4月2日以降（公務員の女性は男性と同じ）に生まれた人は、公的年金の受け取りは原則65歳からですから、これより若い人が60代前半でもらうとすれば繰り上げ受給です。60代前半の繰り上げ受給、65歳からの本来の受給いずれも、公的年金と並行して給与を受け取り、合計額が47万円を超えたら、超えた分の2分の1が支給停止＝減額されると覚えておきましょう。

例えば、合計で50万円なら、47万円を超えた3万円の2分の1が支給停止になるので、厚生年金が1万5000円減額されます。その後、退職して給与をもらわなくなったら、翌月分から支給停止がなくなり全額支給されます。支給停止となるのは厚生年金のみで、国民年金は全額給付されます。加給年金がつく人は、厚生年金の全額が支給停止にならなければ、加給年金を全額受け取れます。

また、60代であっても給与をもらって働いている期間は厚生年金に加入して保険料を納めることになり、退職までの加入履歴が追加され、その後に受け取る厚生年金が増えます。

70歳以上になると、もう厚生年金には加入しませんが、47万円を超えた分が支給停止になる在職老齢年金は適用されます。

支給停止部分には繰り下げ受給の増額なし

働いて収入があることから、繰り下げ受給を選択する場合は、次の点に注意を。繰り下げによりまだ公的年金をもらっていなくても、本来の年金額と給与の合計が47万円を超えると、超えた分の2分の1が支給停止の扱いになります。繰り下げで増額になるのは支給停止にならなかった部分だけ。停止されていた分は、繰り下げ受給しても65歳からの受け取りと同額です。

在職老齢年金は、厚生年金に加入して給与所得者として働く人に適用されるので、短時間勤務で厚生年金に入らない人は対象外、個人事業主やフリーランサーも関係ありません。

公的年金にかかる税金

公的年金には、所得税と住民税がかかります。計算方法は、退職年金と同じ（107ページ参照）。受け取りが公的年金だけなら公的年金だけで、公的年金に加えて退職（企業）年金がある人は合算したものが公的年金等の雑所得となります。通常の所得より税金面で優遇されていて、一定額以内なら非課税です。

65歳以降に受け取るのが国民年金だけなら、満額でも非課税枠の範囲に収まります。

一方、長年、会社勤めをしてきた人は、厚生年金だけで非課税枠を超える可能性が高くなります。公的年金は、年金形式以外の受け取り方法はないので、少しでも税金を減らしたいなら、一時金受け取りもできる退職（企業）年金の受け取り方を検討することになります。

60歳以降の暮らしのシミュレーション

50歳から考え始めること

50歳以降は、今後入ってくるお金の確認と受け取り方が重要だとわかっていただけたでしょうか。

1章の最後で、50歳になったら必ず確認したいことを5つ挙げました。

1 いつまで働けるか・働くか
2 引退までの収入の予測
3 今後の大きな支出
4 退職金や退職（企業）年金
5 公的年金見込額

これらをきちんと確認するには、少し手間がかかります。一度に全部でなくてかまいませんから、時間があるときにぜひ取り組んでください。

そして、2章で紹介したマネープランとすり合わせて、何を、いつ、どんな方法で受け取るか考えてください。夫婦の場合は、年齢差があると受け取り時期がずれるので、それも考慮する必要があります。あれこれ迷って、すぐには結論がでないかもしれません。

大事なのは、50歳のうちから調べたり、考えたりし始めること。60歳までには、状況や考え方の変化が起きるかもしれません。そんな場合も、準備期間があることで、現実が目の前に来たとき、きっと最適な選択ができるはずです。

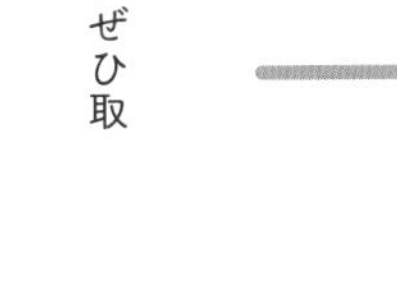

年金の受け取り方

年金の受け取り方講座
ライフスタイルに合わせた年金の受け取り方法を私は提案したい
フムフム
伝書鳩の飼育をしている方なら、鳩に運んでもらうのはどうでしょう
年金
日頃から童心を忘れない方は、サンタさんにくつ下へ入れてもらうのもいいですね
あれ、みなさんどこへ?

年金で確定申告

年金全部合わせると、けっこう受給できそうだよ
へー いいなぁ
でも確定申告をしなくちゃいけないみたいなんだよねー
控除額超えちゃって
えー それもいいなぁ
えっ確定申告ってめんどくさそうじゃん
あこがれてたんだよねー
あー、あれね
確定申告受け付けスタート
確定申告
ほら、毎年ニュースで芸能人がしてるでしょ

退職給付と公的年金の受け取りプランの例

公的年金や退職給付は、50歳以降の選択により増やせる可能性があります。増やしたものを、どう受け取るのが、今後の生活にふさわしく、かつ税金面でもお得か。3つの例をご紹介します。ご自身の場合を考えてみてください。

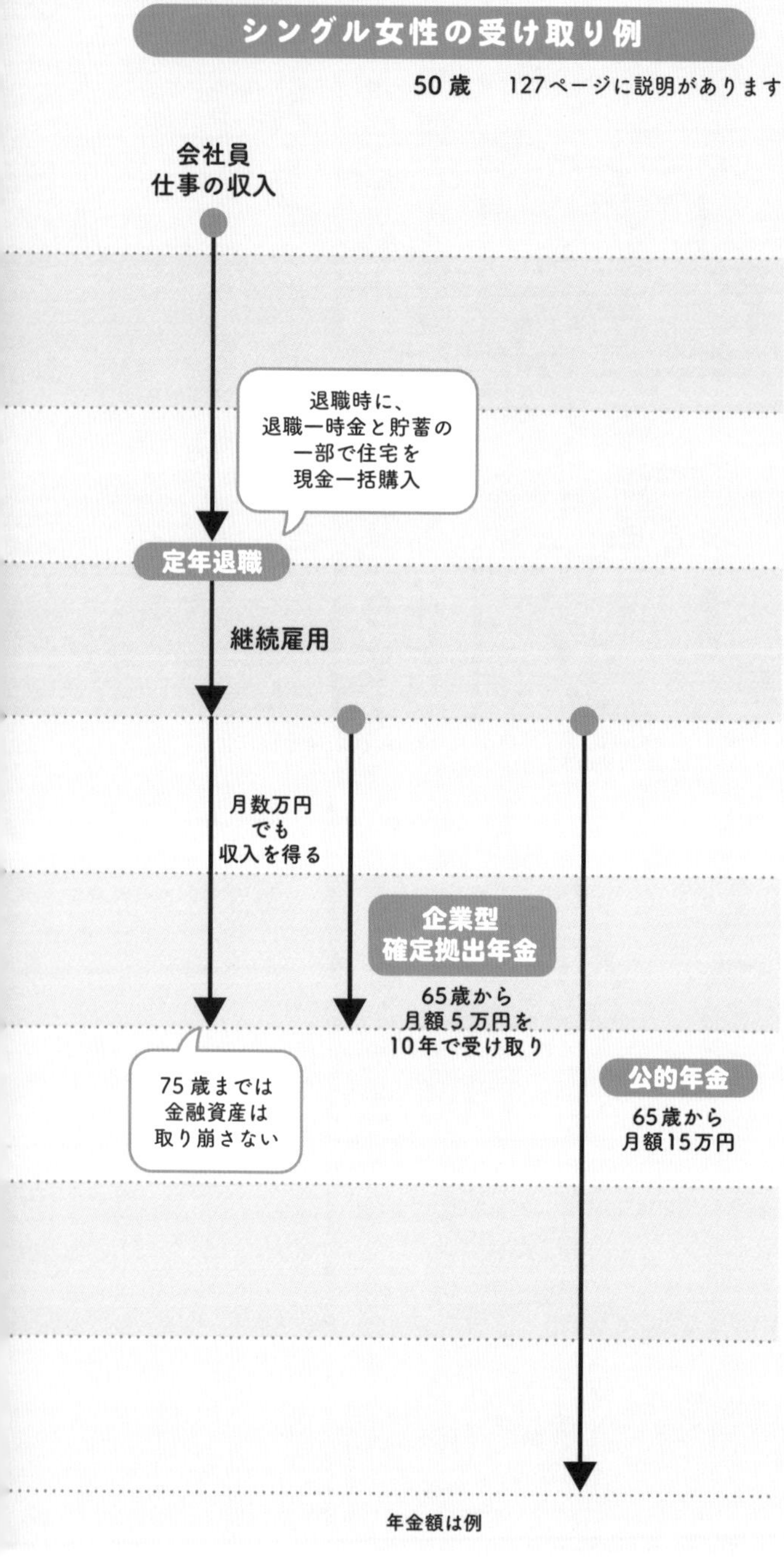

共働き夫婦の受け取り例

127ページに説明があります

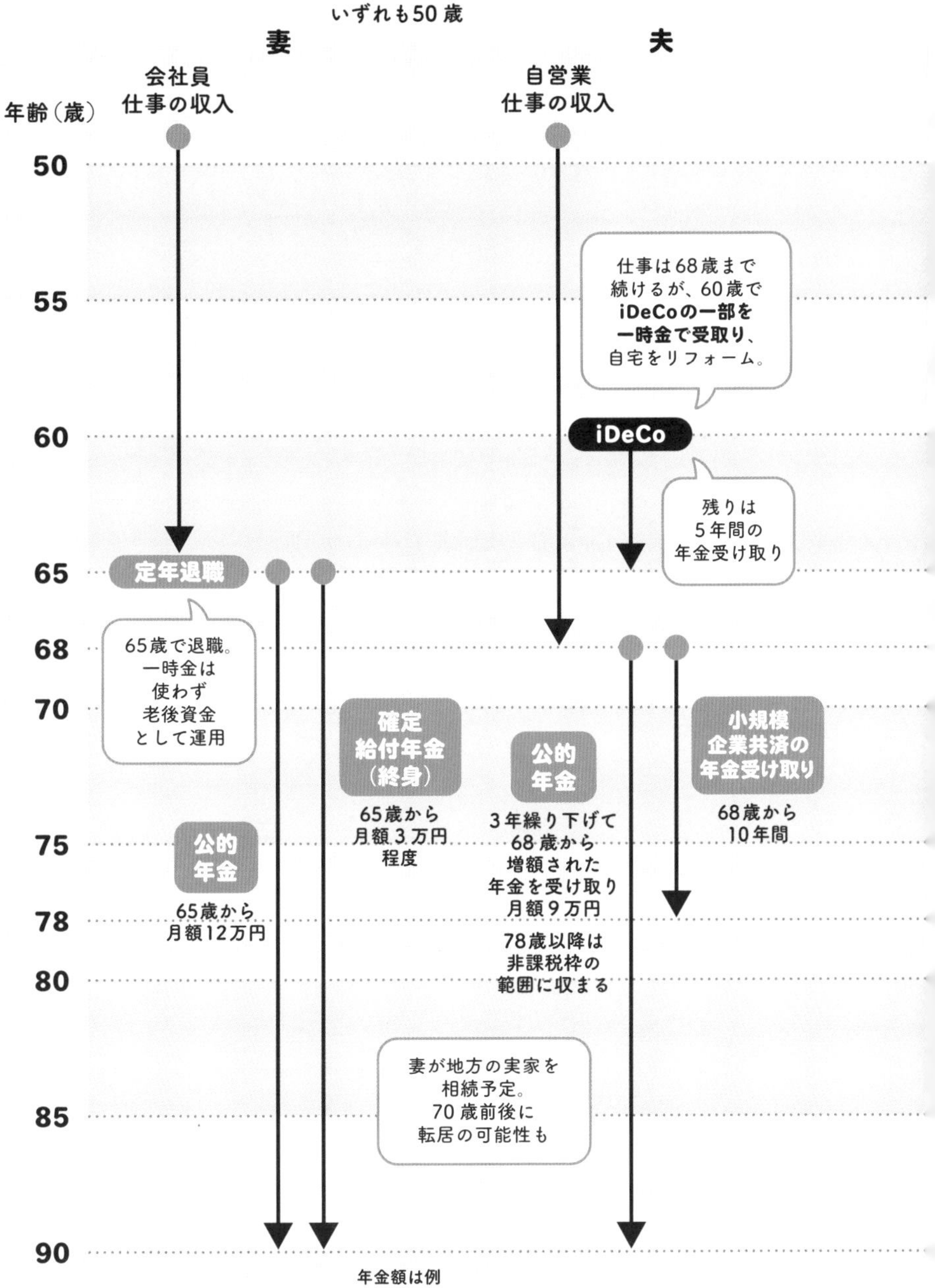

結婚・出産が遅かった、歳の差夫婦の受け取り例

127ページ参照

夫50歳、妻38歳、子ども7歳と3歳

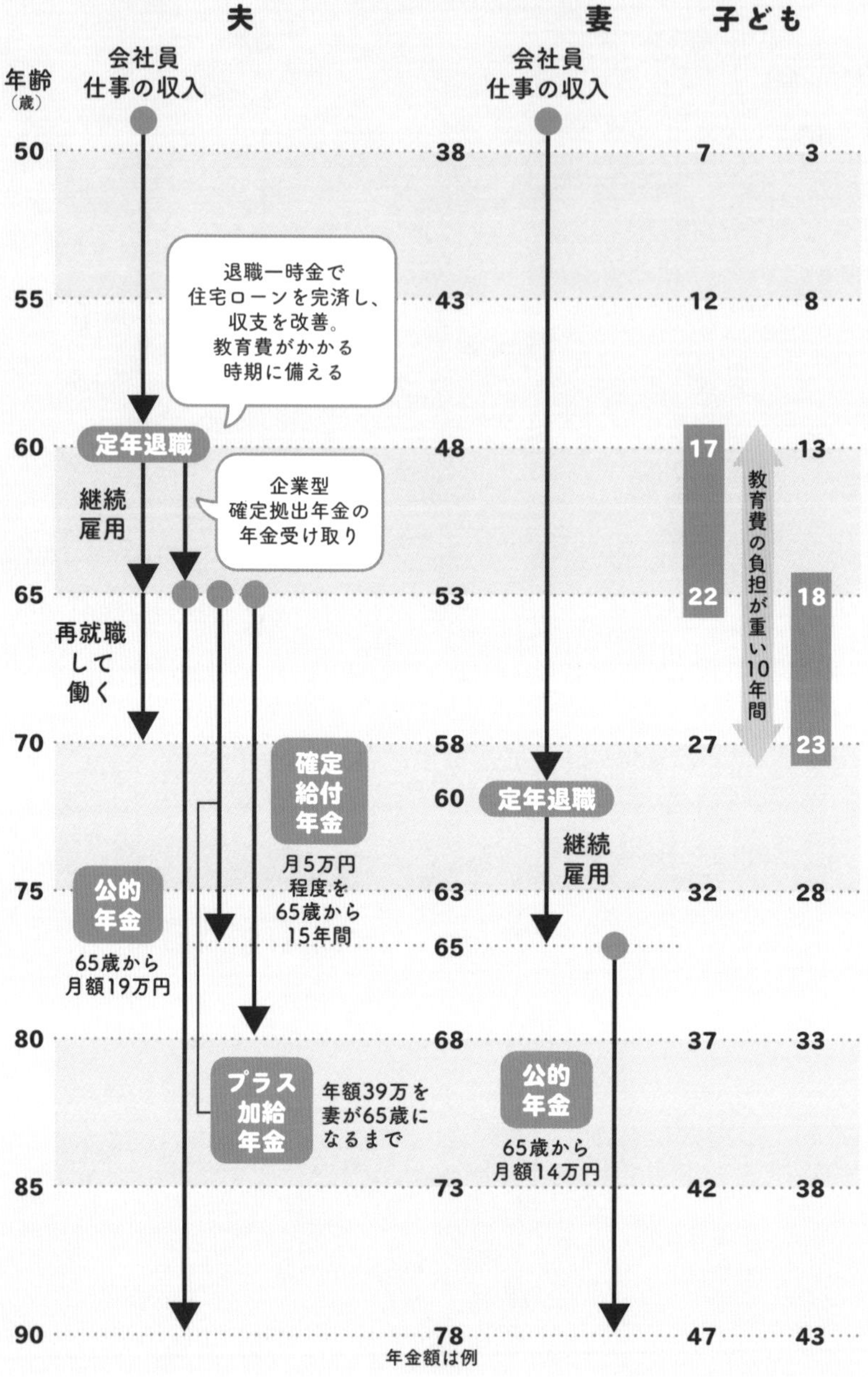

年金額は例

● シングル女性　会社員50歳

状況と課題

・専門職として安定した収入を得てきた。

・退職給付は一時金と企業型確定拠出年金。

・賃貸なので老後の住まいをどうするか検討中。

受け取り例

・60歳の定年退職時に、退職一時金と貯蓄で中古住宅を現金一括購入。家賃負担を減らし、65歳までは継続雇用の収入で生活する。

・65歳から厚生年金を受け取る。並行して企業型確定拠出年金を75歳までの10年でもらう。これまでの経験を活かし月数万円でも収入を得て、貯蓄の積み増しを図る。

・75歳以降は、後期高齢者となり医療費などが安くなる。公的年金で足りない分だけ貯蓄を取り崩す。

● 子どもがいない同級生の共働き夫婦　いずれも50歳

状況と課題

・夫は自営業で国民年金のみ。個人型確定拠出年金（iDeCo）や小規模企業共済に加入。

・妻は会社員。定年は65歳。数年前に転職したため、退職一時金は少ないはず。前の勤務先の厚生年金基金から、月3万円程度の終身年金がもらえると聞いている。

・持ち家で住宅ローンは払い済み。

受け取り例

・夫のiDeCoは、非課税枠の範囲に収まるよう一時金受け取りと年金受け取りに分ける。一時金は、今の自宅に住み続けた場合への備えと、住宅価値を維持して売却にも備えるため、水回りやバリアフリー化のリフォーム代に充てる。年金は5年間で受け取る。

・夫の公的年金は繰り下げで増加させる。小規模企業共済の受け取り終了後は、非課税枠の範囲に収まる。

・妻はいずれ実家を相続予定。その後は、週末などを実家で過ごし、現在の家を売って転居も考えている。

・2人合わせた年金収入で生活費をまかなう。

● 結婚・出産が遅かった年の差夫婦　夫50歳、妻38歳、子ども7歳と3歳

状況と課題

・夫婦とも正社員の共働き。夫が60歳の定年退職時に子どもはまだ17歳（高校生）と13歳（中学生）。

・夫婦とも継続雇用で65歳までは働く予定だが、子どもの教育費と老後資金が心配。

・住宅ローンの返済も70歳まで続く。

・夫の退職給付は、退職一時金＋確定給付年金＋企業型確定拠出年金

・妻の退職給付は退職一時金のみ

受け取り例

・夫の定年退職後は継続雇用で働いても収入はかなり減るので、毎月の収支を改善し教育費がかかる時期に備えるため、退職一時金で住宅ローンを完済する。

・夫60代前半に企業型確定拠出年金を5年間の年金受け取り（年間60万円の非課税枠の範囲）にすることで収入減を補う。

・夫60代後半は再就職して働く。並行して公的年金と加給年金、確定給付年金を受け取るが、給与は在職老齢年金にならない範囲とする。

・教育費の山を越え、妻が65歳になって2人で公的年金をもらえるようになれば、収支は安定する。

・妻は65歳以降、家計のゆとりとやりがい確保のため、業務委託等（在職老齢年金にならない）で働くことを検討する。

¥ 年金収入

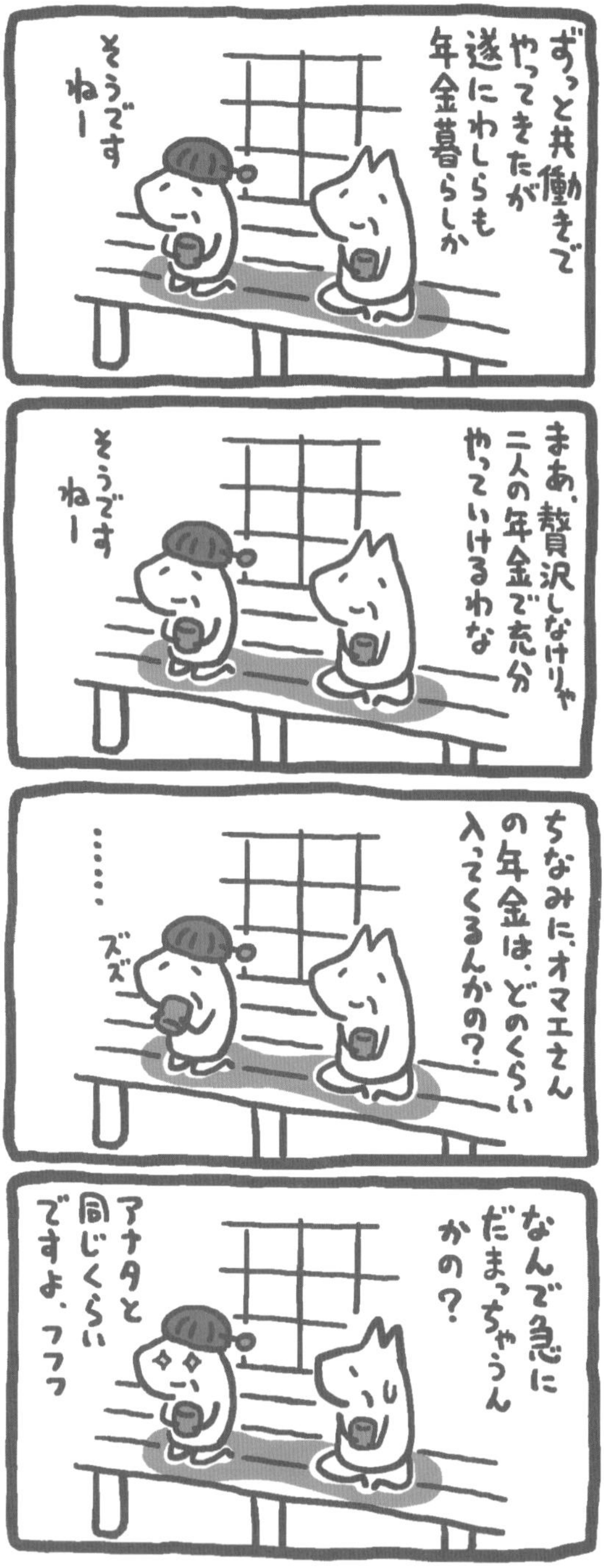
ずっと共働きでやってきたが遂にわしらも年金暮らしか
そうですねー
まあ、贅沢しなけりゃ二人の年金で充分やっていけるわな
そうですねー
ちなみに、オマエさんの年金は、どのくらい入ってくるんかの?
……
ズズ
なんで急にだまっちゃうんかの?
アナタと同じくらいですよ。フフフ

¥ 退職して年金生活

長年勤めた会社もいよいよ定年で、年金暮らしの始まりか〜〜
そうだ退職年金いくらもらえるんだろ…ん？
非課税枠を超えてるじゃん！年金暮らしになっても税金払うのか〜〜！
まだまだ社会に貢献できるってことだな〜〜
ハハハ
マジメな人だね〜

¥ 窓口かネットか

金融機関は
窓口へ直接行くのが
いいのか、
はたまたネットを
利用するのがいいのか
両者のメリットを
比較して、
かしこく金融機関
と付き合っていきたい
ですね
ボクの場合、
重要視するのは
快適性です
冬なら、やっぱり
ネットですね
メリットはもちろん
これです。

CHAPTER

05

¥

50歳からの備え方・守り方

リスクへの備えは、社会保険からの給付を把握した上で、
必要に応じて民間保険を活用するのが基本的な考え方。
50歳以降も同様です。社会保険は、医療、障害、死亡、失業、
介護をカバーします。老後用の資金が積み上がってくる
50歳以降は、自分の資産を守る視点も重要です。

ケガや病気の医療費に備える

高額療養制度を知っていますか？

50歳ともなれば、家族の誰か、あるいは自分自身が入院した経験をもつ人もいるでしょう。その際、高額療養費制度を使った人もいるかもしれません。

社会保険の1つである公的医療保険の対象となる一般的なケガや病気なら、医療費はそれほど高額にはなりません。日本に住む人は、立場に応じた公的医療保険に加入しています。会社員や公務員などは健康保険、自営業者などは国民健康保険。これにより75歳未満の人は、医療費の自己負担は原則3割で済みます。さらに1カ月間（1日〜月末）の医療費が高額になったときは払い戻しが受けられる高額療養費制度があるからです。

どれくらいの医療費がかかったら、高額療養費制度で、いくらの払い戻しを受けられるかは、その人の収入とかかった医療費により異なります。一般的な年収の人なら、1カ月あたり8万円台（70歳以上の人は世帯で約6万円）を超えると、超えた分の払い戻しを受けられるケースが多いようです。年収に応じて自己負担の限度額が定められていて、年収が低いほど限度額は低くなります。

大きな手術や入院が必要な事態になったら、加入する制度に問い合わせて高額療養費の対象になるなら請求しましょう。健康保険組合によっては、独自の上乗せ給付が受けられるところもあります。

高額療養費の時効は診察を受けた日の翌日から2年です。

支払った医療費関係の領収書はすべて保管しておくこと。高額療養費制度などにより軽減されても、医療費が世帯で年間10万円を超えたときは、確定申告で医療費控除を行うことで税金が還付されるケースがあります。

50歳以降の公的医療保険の選択肢

早期退職、転職、定年退職、独立などで立場が変わったとき、加入する公的医療保険がどうなるかを把握しておくことが重要です。

75歳未満は、会社員や公務員などは健康保険に、それ以外の人は国民健康保険に入ります。会社員から会社員への転職なら現在の健康保険から転職先の健康保険に、会社員から自営業なら健康保険から国民健康保険に移るといった具合です。いずれも医療費の自己負担は3割です。

75歳以上になると（寝たきりなどの人は65歳以上）、全員が後期高齢者医療制度に移行し、自己負担は1割に下がります（134ページの図参照）。年齢が上がるほど、医療費がかかる確率は高くなりますから助かりますね。ただし、75歳以上でも現役並みの所得がある人は3割負担です。

どの公的医療保険も、所得に応じた保険料を払います。

ケガや病気に備える

へー、
50代は転倒リスクが高いのかぁ
今インフルエンザが流行してるのか
え、ドタキャン？
健康のためにもう外に出るのやめるって⁉
そっちの方が病気になりそうだけどなぁ……

会社員や公務員が利用できる健康保険の任意継続とは？

会社員や公務員は、退職後に再就職しない（会社員や公務員として勤務先の健康保険に加入しない）場合、利用できる公的医療保険には3つの選択肢があります。

1 家族の健康保険の被扶養者になる

家族の健康保険で手続きをします。59歳以下は年収130万円未満、60歳以上は年収180万円が被扶養者の条件。自分で保険料を払わなくてすむのがメリットです。

2 自分で国民健康保険に入る

住んでいる自治体で手続きします。保険料は自治体ごとに前年の所得をもとに決まります。配偶者や子どもがいる場合は1人ずつ保険料がかかるので、世帯の保険料は会社の健康保険より高くなるケースが多いようです。ただし所得が少ない人には減免制度があります。

3 もとの勤務先の健康保険を任意継続する

退職の日から20日以内にもとの健康保険で手続きを行うことで2年間継続できます。会社員のときは保険料の半分を勤務先が払ってくれますが（健康保険により保険料率は異なるが平均的に給与の10％前後、その半分なので5％前後）、任意加入では全額を自分で払います。保険料は、退職時の給与と、その健康保険に加入する人の平均的な給与を比べて安い方をもとに計算し、原則2年間は変わりません。ざっくり退職前の2倍になるイメージです。自分の保険料で家族を被扶養者（59歳以下は年収130万円未満、60歳以上は年収180万円が被扶養者の条件）にすることができ、家族に保険料はかかりません。

1の対象にならず、2または3から選択する場合は、保険料がいくらになりそうかを比較して決めましょう。

公的医療保険

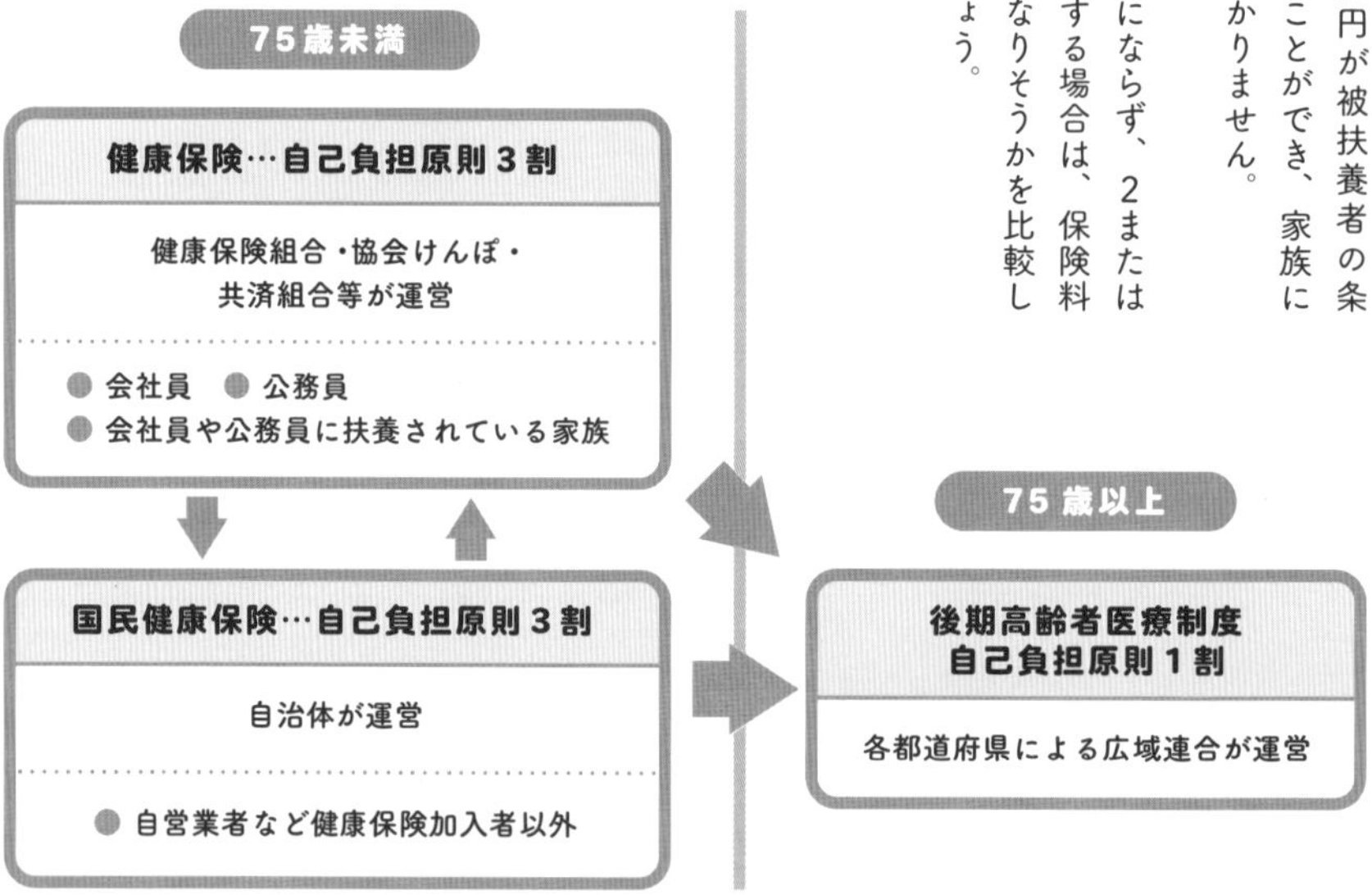

医療費用に150万円程度の予備費を

公的医療保険により、一般的な病気やケガの医療費はそれほど高くはなりません。高額療養費制度は、対象になることが事前にわかっているなら「限度額適用認定証」の交付を受けて、差額（自己負担限度額）のみ払えばいい仕組みもあります。

しかし現実には、突然の入院など、いったん医療費の全額を払った上で、申請して払い戻しを受けるケースが多いでしょう。高額療養費の受け取りまでは3カ月ほどかかります。入院中は医療費以外にも食事代や雑費がかかります。また、高額療養費制度により月あたりは10万円以下で済んだとしても、何カ月も続けばかなりの金額になります。

いざというときに使える予備費を一定額は持っておきたいですね。150万円程度あれば、対応できるのではないでしょうか。金融資産のうち、これくらいあれば安心と自分が思う金額を医療費用の予備費として確保しておきましょう。

会社員や公務員のメリット、ケガや病気で仕事を休んだときの傷病手当金とは？

会社員や公務員が、病気やケガで仕事を休み収入が減ったときは、健康保険から傷病手当金を受け取ることができます。給与の3分の2程度を日割り計算で休んだ日数分（当初3日間は待機期間）、最長1年6カ月まで。担当医師の意見や事業主の証明を記載した申請書を提出します。

一方、国民健康保険に加入する自営業者には、傷病手当金の制度はありません。貯蓄で対応するか、民間の保険を検討することになります。

ケガや病気が原因で障害状態になったら障害年金

公的年金は、65歳以降に受け取る老齢年金の他に、障害年金や遺族年金もあります。

障害年金は、老齢年金を受け取る前に障害状態になった場合、障害の程度に応じて給付されます。65歳を待たず障害認定日の翌月から、障害状態が続いている期間、受け取ることができます。対象となる病気やケガは、眼・聴覚・手足などの外部障害に加えて、うつ病などの精神障害、肝疾患やガンなどの内部障害も含みます。

自営業者など、国民年金の加入者は障害基礎年金のみ（18歳未満の子どもがいる場合は加算あり）ですが、厚生年金に加入する会社員や公務員は障害厚生年金（障害1級または2級で、生計を維持されている65歳未満の配偶者がいる場合は加算あり）も上乗せして受け取れます。

障害基礎年金は、最も重い1級で年間約98万円（国民年金満額の1・25倍）、2級で年間約78万円（国民年金満額）。障害厚生年金は1級なら本来もらう厚生年金の1・25倍、2級なら本来もらう厚生年金と同額です。3級は障害厚生年金のみ給付され、年金額は本来もらう厚生年金と同額、ただし最低保障額（年58万5100円）があります。いずれも2019年の金額です。

医師の診断書を添えて、近くの年金事務所に請求書を提出します。

遺された家族が受け取る遺族年金

国民年金や厚生年金に加入して年金保険料を払っている人が、年金を受け取る前に亡くなった場合、条件を満たせば生計を維持されていた遺族に遺族年金が給付されます。

国民年金からは遺族基礎年金

まず自営業者など国民年金の加入者が亡くなった場合、配偶者と子どもがいるなら、子どもが高校を卒業するまで遺族基礎年金をもらえます。金額は年間78万1000円＋子の加算。子ども2人なら合計約123万円で、月あたりは10万円程度。子どもだけなら子どもが受け取ります。

子どものいない配偶者は遺族基礎年金をもらえませんが、死亡一時金（国民年金の加入期間が3年以上ある人が年金をもらわないまま亡くなったときに遺族に支給）または寡婦年金（国民年金の加入期間が10年以上ある夫が年金をもらわないまま亡くなったときに、10年以上の婚姻期間がある妻に60歳から65歳まで支給、金額は夫の基礎年金の4分の3）を受け取れます。

厚生年金からは遺族厚生年金

次に会社員や公務員など厚生年金の加入者が亡くなった場合は、子どものあるなしにかかわらず遺族厚生年金をもらえます。遺族厚生年金は、本人の厚生年金の4分の3※で、受け取れる人には優先順位があります。①妻、②妻がいなければ子ども（高校卒業まで）、③妻も子もいなければ孫（高校卒業まで）、④いずれもいなければ55歳以上の夫・父母・祖父母（支給開始は60歳から）の順です。妻が亡くなった時点で、55歳未満の夫には遺族厚生年金はありません。社会保険では男女差の解消が進んでいますが、遺族厚生年金では夫か妻かで違いがあります。子どもがいる配偶者は、遺族厚生年金と併せて前述の遺族基礎年金ももらえます。

遺族基礎年金はそもそも子どもがいなければもらえませんし、子どもがいても高校を卒業すると打ち切りです。これに対して遺族厚生年金は、配偶者なら生きている限り（ただし30歳未満の妻は5年間の有期給付）、再婚しなければもらえます。また40歳以上の妻には、65歳まで中高齢の加算（年額58万5100円）もあります。

生計を維持されていたかどうかの判定は年収が850万円以上かどうか。共働きでも、かなり年収が高い配偶者以外は遺族年金をもらえるということです。

遺族年金と自分の年金は一緒にもらえる？

遺族年金をもらっている人が65歳になり、自分の老齢年金をもらうようになったら、年金の調整が行われるケースがあります。

自分の老齢年金が国民年金だけなら、遺族厚生年金をそのまままもらい続けることができます。

自分の年金が国民年金と厚生年金なら、厚生年金の部分は、自分の厚生年金と、遺族厚生年金を比べて、多い方の金額を受け取ります。

年金受給者が亡くなったら

遺族年金をもらえる条件は、亡くなった人が65歳未満なら、死亡月の前々月までの1年間に保険料の滞納がないことです。

では、すでに老齢年金を受け取っている人が亡くなった場合はどうなるのでしょうか？　遺族年金をもらえるかどうかは、亡くなった人の加入期間（受給資格期間）が25年以上あることが条件となります。老齢年金は10年以上の加入でもらえるように改正されましたが、遺族年金は現在も25年以上。基本的な給付の内容は同じです。

※加入期間が300月（25年）に満たない場合は300月（25年）加入したとして計算する。

失業や60代前半の収入減少に備える

失業に備える雇用保険

社会保険には失業などに備える雇用保険もあります。会社員は雇用保険に加入しているので、雇用保険からの給付が受けられます。

65歳までの失業は「基本手当」

最も代表的なのが基本手当。いわゆる失業手当です。辞めた日の直前6カ月の給与をもとに基本手当日額が計算され、一定の日数分をもらえます。目安の金額は、月給30万円だった人なら基本手当の月額は16万5000円程度。給付日数は、退職の理由が自己都合なのか会社都合なのかや、雇用保険の加入期間と年齢に応じて決まり50歳以上なら最長330日（20年以上の加入者）。

基本手当をもらえるのは65歳未満の人で、働ける状態で働く意思があるのに仕事が見つからないことが給付の条件。もらえる期間は離職日の翌日から1年間なので、ハローワークで速やかに手続きを。

病気などが理由で働けない状態が30日以上続いたときは、その間、基本手当をもらえないので、申請することでそのぶんの受給期間を延長（最大3年）することができます。

60代前半の収入低下には「高年齢雇用継続給付金」

60歳以降も仕事を続けているけれど、給与が下がってしまったときにも給付があります。「高年齢雇用継続給付金」です。

雇用保険に5年以上加入していた人で、60歳以上65歳未満の給与が60歳時点の75％未満に低下したときに、最大で毎月の給与の15％相当額を受け取れます。例えば60歳時の給与が月30万円だった人が60歳以降18万円なら60％に低下ですから、18万円の15％で2万7000円が支給されます（毎月の給与が36万3359円を超える場合は支給なし）。

60歳以降、仕事を辞めて、いったん基本手当を受け取り始めた

¥ 会社をやめたら

実は会社をやめまして、当面の生活費もない状況でして〜
あーはいはい失業保険の申請ですか
どういった会社にお勤めでしたか？
あ〜・いや
会社をやめたってのは、作るのを断念したってことで〜借金も抱えちゃって〜
スゴスゴ
では向しに来たんですか？お金は何も出ませんよ？そういう甘えが会社作りの失敗を招いたのでは？

が100日以上残して再就職し、給与が低下した場合も受け取れます。申請の手続きは勤務先が行います。

65歳以上の失業には「高年齢求職者給付金」

もともと雇用保険への加入は65歳まででした。65歳以降は公的年金をもらえるからです。しかし、65歳以降も働く人が増え、2017年からは65歳以上の人も雇用保険に入れるようになりました。65歳以上の「高齢被保険者」は、積極的に就職する意思があるのに仕事が見つからないときは、ハローワークで手続きをし「高年齢求職者給付金」をもらえます。雇用保険の加入期間が1年以上なら基本手当日額の50日分、1年未満なら同30日分を一時金で受け取ります。基本手当日額は離職前6カ月の給与総額を180で割った額の50%~80%。公的年金をもらいながら働いていた人も、公的年金と併用して受け取れます。

雇用保険は、正社員以外の人も1週間の労働時間が20時間以上で、31日以上雇用の見込みがあれば加入できます。ちなみに、公務員や自営業者は雇用保険の対象外です。

介護に備える

50歳なら、まず気になるのは親の介護でしょうか。核家族化が進む中で高齢者が増え、親族による介護が難しくなったことから2000年に社会保険として公的介護保険が始まりました。40歳から保険料を払い、原

公的介護保険

	第1号被保険者	第2号被保険者
対象者	65歳以上の人	40歳から65歳未満の公的医療保険加入者
介護サービスを受けられる条件	・要介護状態（寝たきり、認知症などで介護が必要な状態） ・要支援状態（日常生活に支援が必要な状態）	末期ガンなどの加齢を原因とする病気での要介護・要支援状態に限定
保険料	市町村が徴収（原則、公的年金から天引き）	公的医療保険の保険料と併せて徴収

則65歳以上になると公的介護サービスを受けられます。末期ガンなど特定の病気により介護が必要な場合は、40歳以上64歳までの人も対象です（前ページの表参照）。

公的介護サービスの仕組みと使い方

公的介護サービスを利用したいときは、市区町村の窓口に相談し、主治医の意見書などを提出して、要介護認定を受けます。要支援1・2、要介護1〜5の7段階あり、状況に応じてケアプランを作成して利用します。

介護サービスは、自宅で利用する、通って利用する、施設に入居して利用する3つのパターンがあります。サービス例を表にまとめました。例えば自宅で1人暮らしをする要介護1の人なら、週に1度自宅で調理や掃除などの生活支援サービスを受け、週に3度通所介護サービスに通うなどのプランを立てます。

要介護の区分ごとに1カ月で利用できる上限額があるので（141ページの表参照）、その範囲内で介護サービスを組み合わせて利用すれば原則1割負担（所得が多い人は2割または3割負担）で済みます。要介護1なら限度額の目安は16万7000円ですから、1割負担で限度額いっぱい利用すると月額1万7000円程度。限度額を超えた分は全額自己負担になります。

介護認定の有効期限は初回が原則6カ月、更新は1年（自治体により異なる場合あり）。リハビリにより介護度が軽くなったり、逆に認知症が進んで介護のステージが上がったりすることもあるでしょう。状況に合わせて介護サービスを利用するための更新手続きです。

公的介護保険で受けられるサービス例

自宅で利用する	・生活支援サービスで日常生活の援助を受ける ・訪問介護により入浴・排泄・食事などの介護を受ける ・車椅子などの福祉用具を借りる
通って利用する	・通所介護施設で、食事、入浴などの支援や機能訓練を日帰りで受ける ・医療機関などでリハビリテーションを日帰りで受ける ・短期間入所して機能訓練を受ける
入居して利用する	・有料老人ホームやグループホームなどに入居して日常生活の支援や介護を受ける ・常時介護が必要な人が入居して食事や排泄などの世話を受ける

公的介護サービスを使えば自己負担は月数千円から数万円

公的介護サービスの支給限度額の目安

区分	居宅サービスの支給限度額（月）	自己負担（1割の場合）
要支援1	50,320円	5,032円
要支援2	105,310円	10,531円
要介護1	167,650円	16,765円
要介護2	197,050円	19,705円
要介護3	270,480円	27,048円
要介護4	309,380円	30,938円
要介護5	362,170円	36,217円

厚生労働省の資料をもとに作成。目安であり、利用するサービスや自治体により異なる

介護保険を使った住宅改修

手すりの取り付け、洋式便座への取り替えなどを行う際には、申請して工事完成後に領収書などを提出すると、1住宅につき20万円を支給限度基準額として9割相当額（18万円まで）が介護サービスから支給されます。費用が20万円を超えたら、超えた部分は全額自己負担です。

介護費用が高額になったときの軽減制度

夫婦ともに介護が必要になるなど、世帯での介護費用が高額になったときは「高額介護サービス費」という軽減制度があります。目安は自己負担で月4万4400円で、超えた分の払い戻しが受けられます。世帯全員が住民税非課税なら限度額はもっと下がります。世帯構成

によっては、年間の上限額である自己負担で44万6400円を超えると払い戻しが受けられるケースも。対象になりそうなときは自治体に問い合わせを。

医療費と介護費の合計が高額の年の軽減

高齢になると病気の治療をしながら介護を受けるケースも増えてきます。公的医療保険には「高額療養費制度」、公的介護保険には「高額介護サービス費」という自己負担を軽くする制度がありますが、医療費と介護費の両方がかかった場合に、合算して一定の金額を超えたら払い戻しを受けられる「高額介護合算療養費制度」もあります。

毎年8月から翌年7月を1年間とし、一般的な年収の人なら70歳未満で年間60万円、70歳以上で年間56万円を超えると対象です。まず、介護保険の窓口である市区町村に申請を行い、受け取った証明書を医療保険に提出して支給を受けます。

介護費用は本人の収入と資産から

持ち家があり自宅で公的介護保険を限度額内で利用し、医療費も含めて高額になったときは払い戻しを受ければ、月あたりの費用は数万円程度です。しかし、生活費とは別途支払いが必要で、しかも介護はいつまで続くかがわからないのが不安です。

介護費用は年金収入でまかなえそうでしょうか、貯蓄を取り崩すことになりそうでしょうか。

一般的な収入で、通常の医療や介護なら、自己負担の月額は5万円程度に収まりそうです。仮にこれが5年間続いたとすると、5万円×12カ月×5年＝300万円。135ページで医療費への備えとして150万円程度を準備しておきたいと書きました。社会保険からの給付をもらさず受けたとしても、医療費と介護費で300万円〜500万円必要になる可能性もあります。年金収入でまかなえそうもないなら、老後資金の予備費（55ページ参照）としてこの費用を考慮します。

施設に入居する場合は、公的介護保険で受ける介護サービスに加えて、入居一時金や家賃など場所代にあたる部分が自己負担となり、費用は施設により大きく異なります（51ページ参照）。

これらを総合して、月いくらくらいか、総額でどれくらいになりそうかを予測し、介護のための費用は介護を受ける本人の収入と資産から出すのが原則です。

親の介護であれば親の年金収入と金融資産の範囲。自分の介護も、子どもに迷惑をかけないためには同様です。

ただし、介護費用そのものは本人の収入や資産から払ったとしても、親子であれば負担がまったくないわけではありません。遠方に住んでいるなら様子を見に行く交通費がかかりますし、残り少なくなった時間を一緒に過ごすための費用も使うでしょう。支出額をシビアに見積りつつ後悔のない選択ができるよう検討しましょう。

雇用保険の介護休業給付金

家族の介護のために仕事を休んで収入が減ったとき、会社員が加入する雇用保険からは、介護休業給付金を受け取れます。常時介護を必要とする家族の介護のための休業が条件で、給与の3分の2が支給されます。過去6カ月の平均給与が30万円の人が1カ月休んだ場合なら20万1000円程度。93日を限度に3回まで。申請は原則として勤務先が行います。

¥ 親の介護に備える

親の介護費用を調べてみたら、けっこうかかるのな
気がつけばオレたちもそういうこと考える歳になっちゃったか
できるだけのことはして恩返しをしたいじゃない
へー、けっこう親想いなんだな
でもオレぜんぜん貯金ないんだよ
うん、オレもあんまりないなあ
今年は親からのお年玉も少なかったし
まず、それもらうのをやめろよ!!

50歳は民間保険の見直し時

加入している保険の確認と見直し

5章では、ここまで社会保険からのさまざまな給付を紹介しました。これでは足りないと思う分を、貯蓄や民間の保険で備えます。50歳ならすでにいくつかの民間保険に加入していると思います。今後を見据えて過不足がないかを確認して見直しを。

民間の生命保険

死亡保障

子どもが自立すれば教育資金のための死亡保障は不要になります。子どもを授かったのが遅く、これからが教育費の山場というケースを除いて、減額または解約してもいいでしょう。不足しているなら、掛け捨てのネット保険などを利用して保険料を抑えます。ネットで保険料の試算ができます。

持病があるなど健康状態によっては新たな保険の加入は難しくなります。保険の見直しと合わせて、健康管理についても見直しを。

医療保障

医療費に備える貯蓄があれば、解約を検討。医療技術の進歩と、医療費抑制の政策により入院日数は以前よりも短くなっています。民間の医療保険は、入院や手術に備えるのが基本的な仕組みなので、通院治療で済めば医療費がかかっても給付の対象にならないケースもあります。最近発売された医療保険やガン保険には、入院するしないにかかわらず放射線治療に給付金を払うなど治療方法の変化に合わせた給付を行うものも登場しています。健康状態に問題がなく掛け替えが可能で、民間の保険に入っておきたいなら、新しい医療保険も検討を。

就業不能の保障

病気やケガで仕事を休んで収入が減ったとき、会社員は健康保険から傷病手当金の給付があります（135ページ）。自営業者にはこれがないので、貯蓄だけでは心もとないようなら、就業不能保険に入っておくのも1つの方法です。在宅療養でも、働くことが難しければ、医師の診断書を提出して契約に応じた給付を受けられます。うつ病などの精神疾患も対象にするかどうかなど、給付の条件などは保険会社により異なるので確認を。

災害に遭ったときの公的支援

台風や大雨、地震による被害がここ数年続いています。災害で被害を受けたとき、公的支援を受けるには「罹災（りさい）証明書」が必要です。被災者が市区町村に申請して発行してもらいます。支援は、金額的にはあまり多くないのが現実です。

被災者生活再建支援制度

持ち家か賃貸かにかかわらず、基礎支援金と加算支援金を合わせて受け取ることができます。

・住宅の被害程度に応じて支給

（基礎支援金）

全壊等100万円、大規模半壊50万円

・住宅の再建方法に応じて支給（加算支援金）

建築・購入200万円、補修100万円、賃借（公営住宅除く）50万円

例えば、持ち家が全壊して建築・購入で再建するなら100万円＋200万円で合計300万円、賃貸住宅が全壊して公営住宅以外に引っ越すなら100万円＋50万円で合計150万円です。

住宅の応急修理（災害救助法）

日常生活に必要な最小限度の部分を応急的に修理するもので、自ら修理する資力のないことが条件です。賃貸は所有者が修理しない場合のみ対象。修理の現物支給で限度額は1世帯当たり57・4万円（平成29年度基準）。

災害復興住宅融資（住宅金融支援機構）

住宅の建設資金として低利子で借り入れができますが、融資なので返済が必要です。

亡くなった人の遺族やケガをした人には弔慰金や見舞金が支給され、社会保険料、税金、医療費の減免、公営住宅への入居などもあります。

ここまで紹介した通り災害には幅広い公的支援がありますが、生活再建のために金銭で受け取れる金額は多くはなく（被災者生活再建支援制度の最大額は300万円）、公営住宅への入居など現物支給や融資が中心です。1日も早くもとの生活に戻るための備えとしては、一定額の金融資産をもっておくことです。老後資金の予備費として考えておきましょう。また民間の損害保険も上手に活用しましょう。

民間の損害保険

持ち家なら、公的支援だけでは住宅の再建には費用が足りないので、火災保険と地震保険への加入は必須です。

火災保険は、再調達価格（同等の住宅を新たに建てるときの金額）での契約になっているか、自治体のハザードマップで水害のリスクが高い地域なら、水害の保障がついているかを確認。火災保険では地震による火災は保障されないので、まだなら地震保険にも加入を。単独では加入できず火災保険とセットで入ります。すでに加入している火災保険への追加も可能。窓口は民間の損害保険会社ですが、地震保険は国がバックアップする保険で、保険料はどの保険会社で入っても同じ、場所と建物の構造で決まります。

地震保険料は安くはありませんが、耐震性、耐火性にすぐれた住宅には割引きもあります。逆に言えば、地震保険料が高い住宅は、立地や構造面で、地震が起きたら被害が大きくなることが想定されます。50歳以降、住宅ローンがもうすぐ終わりそう、もしくはやっと終わった自宅が地震により損害を受けたときの打撃は計り知れません。これを機に今後の住まいについて考え、持ち家の人は地震保険に入りましょう。

年末調整や確定申告で地震保険料控除を行えば、そのぶん、税金が安くなります。

被災時の公的補償

やあ、昨日の台風大丈夫だった？
その髪も台風の影響……？
それがさー 家が丸ごと吹っとんじゃったんだよー
ええー！そりゃ大変じゃない!!
待って待って！申請すれば公的支援金がもらえるから手続きした方がいいよ
え、そんな制度が？
あー、ゴメン それはムリだな……
よかったなー 新しいお家買えるぞ〜〜♪

離婚とお金、年金分割とは？

　自分らしい後半の人生を求めて、離婚を選んだ場合、お金はどうなるでしょうか？　結婚している間に築いた財産は共有財産と見なされ、離婚時には原則2分の1に分割します。

　公的年金のうち厚生年金も分割の対象です。会社員は厚生年金に加入することで国民年金にも加入していることになります。国民年金はそれぞれ固有の年金で分割は不可、結婚していた期間に保険料を支払った厚生年金の部分について、受け取る権利を分割します。公的年金の受け取りは65歳からですから、離婚が50代でも、受け取りは65歳以降。分割を受けた側は、自分の年金に上乗せして受け取ります。分轄した側は、そのぶん、自分の厚生年金が減ります。

　合意分割と3号分割があり、合意分割は夫婦の合意で分割の割合を決めます。上限は結婚していた期間の夫婦の厚生年金の合計の2分の1まで。現在は専業主婦でも、結婚当初の数年間は会社員だった場合、そのぶんも含めて夫婦の厚生年金を合算して、分割割合を決めます（図参照）。3号分割は専業主婦など厚生年金の期間がない人が、結婚していた期間の相手の厚生年金の2分の1を相手の合意なしに受け取れるというもの。ただし、2008年4月以降の分に限られます。

　夫婦ともに自営業の場合は、そもそも厚生年金の加入履歴がないので、分割できる年金はありません。

　請求できる期限は離婚から2年以内。事実婚でも、国民年金の第3号被保険者（厚生年金に加入する人に扶養されている20歳以上60歳未満の配偶者）だった人が、関係解消によりその立場を喪失したときは、分割の請求ができます。

離婚時の年金分割の割合

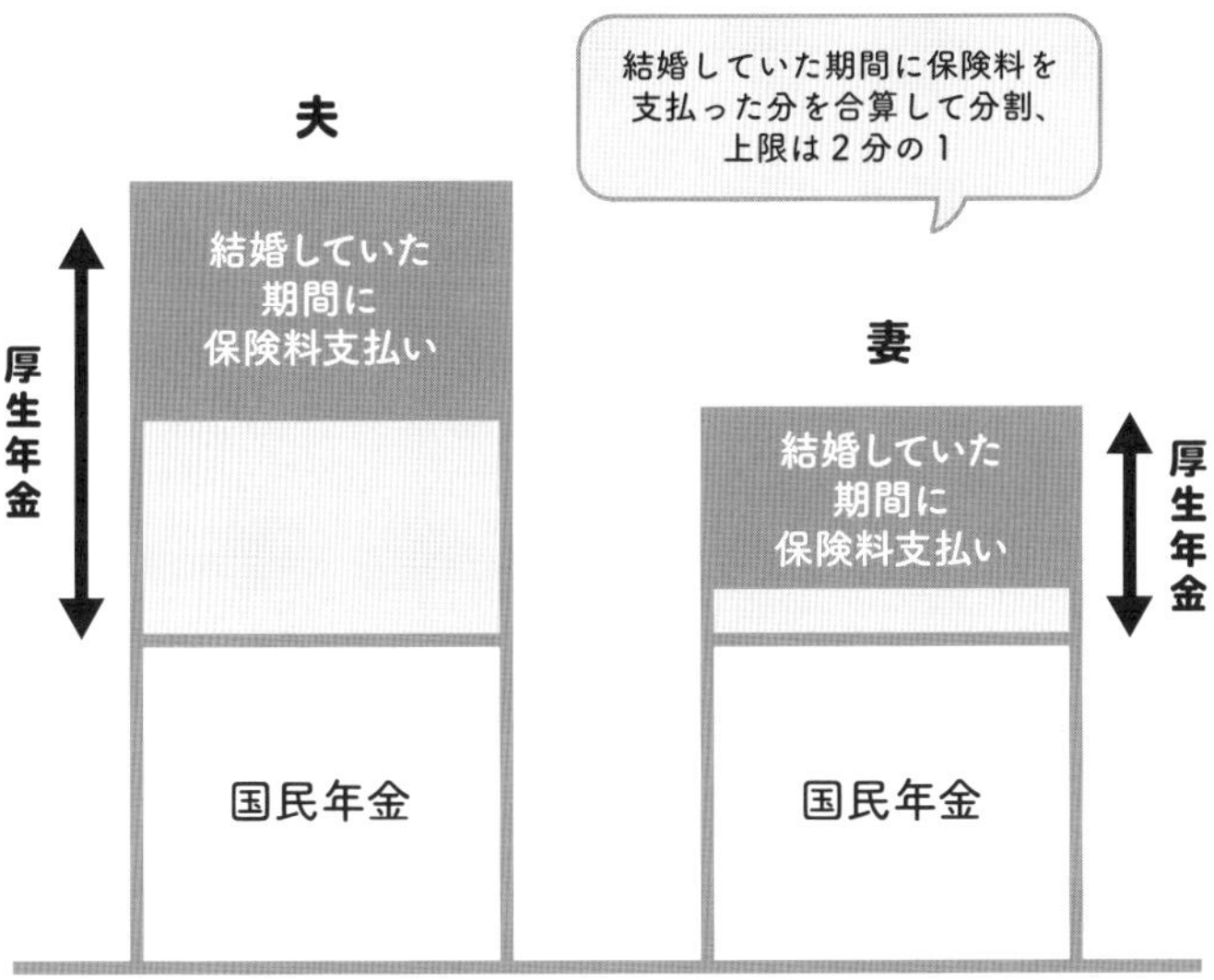

¥ 家族の解消とお金
ボクは定年まで今の会社を勤めあげるつもりだ。だから厚生年金もたっぷり受給できる
知ってるかい？国民年金と違って厚生年金は、離婚するとき分割できるんだ
離婚したあとキミには自分の国民年金と分割した厚生年金が支給されるってわけ。安心だろ？
だから、ボクと結婚してくれないか
プロポーズで離婚の話する人なんてムリ

自分のお金を守る！

金融機関から退職金プランや外貨建て保険を勧められたら？

退職金を受け取ると、金融機関から「退職金限定」とか「退職金専用」プランの勧誘を受けることがあります。超低金利の時代にビックリするような高金利の定期預金を勧められると、飛びつきたくなりますが、申し込む前に確認してください。その金利が適用される期間はどれくらいですか？

退職金プランで多いのは、3カ月間特別金利がついて、その後は通常の金利になるタイプ。金融商品の金利は通常1年間預けたときの利率を指します。金利3％なら1年間預けたら3％つくということです。金利3％だけど適用されるのが3カ月なら、3％÷12カ月×3カ月＝0・75％ですから3カ月間で増えるのは0・75％。ここから約20％の税金が差し引かれ手取りは0・6％程度。それでも都市銀行の定期預金の金利が0・01％の時代にお得な気がしますが、定期預金だけで預入ができる金融機関は少なく、通常は投資信託などの投資商品とセットになっています。投資ですから、元本の保証はなく、手数料が高いものもあります。投資商品は、購入時および保有中の手数料がどれくらいかを必ず確認すること。定期預金で受け取る利息以上の手数料を払うケースもあります。

退職金が入ったのをきっかけに投資に挑戦しようと思っていたとしても、慎重に。退職金プランでは100万円単位など大きな金額での購入を条件とするものが多いのです。値動きする商品は、リスクを低減するために、一度に大きな金額で買わずに、何度かに分けて買うのが鉄則です。

退職時に限らず、預金残高が多い人は、外貨建て保険を勧められるケースも増えています。今の経済環境では、円建てでは高い金利をつけられないためです。外貨建て保険は、保険と貯蓄を兼ねていて、貯蓄部分は外貨での運用となり契約時よりも円高が進むと元本割れのリスクがあります。一方、円安になれば大きく増える可能性もあります。定期預金や投資信託に比べると手数料が高いのも保険の特徴です。保障が必要なわけでもなく、外貨建ての投資をしようという強い意志もないのに、儲かりそうだからと契約するのは、おすすめできません。その保障は必要か、どんなときに損失がでるか、中途解約したらどうなるかを必ず確認してください。

退職金運用の練習は50代から

退職金をどう使うかは、マネープランを立てて、事前にある程度決めておくことをおすすめします。

まとまった金額のまましばらく置いておけるのか、住宅ローンの返済などで一定金額を使ってしまうのか、生活費としての取り崩しがすぐに始まるのか。使い方によって、どんな金融商品が適切かは違ってきます。

価格変動する株式や投資信託を購入するなら、当面引き出す予定がない分に限定されます。できれば、50代のうちから、企業型確定拠出年金やiDeCo、NISAなどを使って運用の経験を積んでおきたいものです。

そして、仕事を引退し、年金収入だけになり、年齢が上がってきたら、価格変動の大きな株式や投資信託は少しずつ売却して定期預金や個人向け国債にシフト、手持ちの金融資産全体のリスクを減らしていくことを検討します。

自分のお金を守る！ 50歳からの確定申告

会社員なら、生命保険料や地震保険料の控除は勤務先の年末調整でできます。忘れないように注意したいのが、個人型確定拠出年金（iDeCo）の掛金の控除。「小規模企業共済等掛金控除」の欄に記載します。

会社員が自分で確定申告をするといえば、医療費控除と住宅ローン控除の最初の年くらいでしょうか？ 住宅ローン控除も2年目以降は勤務先の年末調整で可能になります。

しかし退職後は、税金の還付を受けたいときは自分で確定申告を行わねばなりません。定期預金ではほとんどお金が増えない時代に、合法的に税金を減らして手取りを増やすことは自分の資産を守る確実な方法です。税金を減らすには、所得から控除を行って、課税所得を減らすのがポイント。

50歳からは、将来の年金生活を見据えて、必要な場面では確定申告を行いましょう。

自営業者は毎年、仕事の収入を確定申告していますが、もれている控除がないか、しっかり確認しましょう。

会社員も年金生活者も自分で確定申告

● 自宅を売って利益が出たとき

所有期間にかかわらず、3000万円までの利益が非課税になる特別控除の特例が使えます。この特例を適用するには確定申告が必要です。

● 災害や盗難で資産に損失が出たとき

損失額から保険などで補てんされた分を差し引いて確定申告で雑損控除を行います。倒壊した住宅の取り壊し費用なども災害関連支出として損失に加えることができます。管轄の税務署に相談を。

● 退職した年は自分で確定申告

その年は年末調整を受けられないので、年度途中までの給与に、医療費控除や住宅ローン控除（2年目以降）も含めて自分で行います。その年のうちに転職して会社員になったら、前の勤務先からもらった源泉徴収票を次の勤務先に提出して次の勤務先で年末調整を受けます。

年金生活者は自分で確定申告

・医療費控除、生命保険料控除、地震保険料控除、住宅ローン控除がある年
・ふるさと納税をした年
・家族の社会保険料を払った年（配偶者や子どもの国民年金保険料を払ったときは、そのぶんを社会保険料控除できる）

確定申告を行うには必要書類を揃えるなど、それなりの手間がかかるので、年金生活者には、負担を減らすための「年金受給者の確定申告不要制度」があります。対象となるのは、公的年金等（企業年金を含む）の収入が年間400万円以下で全部が源泉徴収、かつ、その他の所得（個人年金、給与所得、生命保険の満期返戻金など）が20万円以下の人。これ以外の人、例えば公的年金と企業年金の両方を受け取っていて年間400万円を超える、年間20万円以上のアルバイト収入や家賃収入があるなら、そもそも確定申告をしなければなりません。

確定申告不要制度に当てはまる人も、前述の還付を受けるには確定申告が必要です。

現役のうちから、税金や確定申告に強くなっておくのも、資産を守る備えになります。

運転免許証の自主返納

最近、高齢者が車を運転中に事故を起こしたというニュースが相次いでいます。運転免許を自主返納した場合、希望すれば顔写真つきの「運転経歴証明書」を発行してもらえます。運転免許証に代わる本人確認書類として利用できます。「運転経歴証明書」を持っていると、タクシーやバスの運賃割引き、デパートの宅配料金の割引きなど、自治体や事業者によっては特典が受けられます。

住宅に関するお得な補助金と節税

・耐震改修に補助金

1981年5月末以前に建てられた古い木造住宅（旧耐震基準）に、耐震改修工事を行うと、自治体から補助金をもらえるケースがあります。問い合わせは自治体へ。

・耐震改修で所得税の還付

2021年末までの耐震改修は、自己負担した費用の10%（最高25万円）を住宅耐震改修特別控除として所得税から控除できます。計算明細書などを添付して、確定申告します。

・住宅の性能を上げる改修で所得税の還付

5年以上の住宅ローンを借りて省エネ改修工事をした場合は、条件を満たせば特定増改築等住宅借入金等特別控除として、年間で最高12万5000円を所得税から控除できます。

住宅ローンを利用しない場合も、自己負担した費用の10%（原則として上限25万円）を所得税から控除できます。2021年末までに住むことが条件。

・耐震基準を満たさない中古住宅購入でも住宅ローン控除

耐震基準を満たさない中古住宅を購入した場合も、入居までに耐震改修を行い証明がされれば、住宅ローン控除を受けることができます。10年以上のローンであることなどが条件。2021年12月末までの入居なら住宅ローンの年末残高の1%（年間上限40万円）を所得税から控除できます。1年目は確定申告が必要です。

CHAPTER

\ 06 /

¥

人生のしまい方

人生をしまうにはまだ時間がある50歳。
けれど準備は始めておきたい。
これまでを振り返りつつ、
残りの時間を意識することは、
人生後半の充実にもつながるはずです。

50歳になったら身の回りの片づけを

50歳になったら口座を整理整頓

　人生をしまう準備といえば、思い浮かぶのは「エンディングノート」を書くことでしょうか。荷物の片づけも候補に挙がるでしょう。家族が多い人もシングルも、時間の流れとともに膨らんで増えてきたさまざまなものに囲まれています。しまい込んでいたものを取り出して再確認したり、置き場所を変えたり、不要なものは処分して整理整頓したりする時間が人生の節目で必要です。50歳前後はその1つのタイミングです。

　お金についても整理整頓に取り組みたい。具体的には、無駄を減らし、お金の流れをスッキリ整えることです。お金の管理がラクになり、相続時にも遺族を困らせずに済みます。

　いざというときの備えである保険は、5章で紹介したとおり、社会保険からの給付を知った上で、最低限必要な保障を民間の生命保険や損害保険で確保できるよう見直します。

　金融資産を置く口座は、お金の流れが見えやすいよう絞り込みます。

　最低限、必要なのは銀行口座が2つ、資産運用の内容によっては証券口座が1つ、合計3つです。

　3つの口座をどう使い分けるか紹介します。

収入と生活費の引き落としは1つの銀行口座にまとめる

　給与や年金などの収入と生活費の引き落としは1つの銀行口座にまとめるのがおすすめです。収入と生活費の口座を別にすると、毎月、お金を動かす手間がかかります。もし、引き落とし口座が複数ある場合は、複数の口座に毎月お金を移し、通帳やWEB明細を確認して管理する必要が生じます。年を取るほど、いろいろなことが面倒になりますから、シンプルが一番。入金がある口座から、すべての生活費を引き落とせば、入金前の残高と比べることで収支が赤字か黒字かも確認できます。また、突発的な出来事によりお金を動かせない事態になっても困りません。

2つ目の銀行口座で目的別貯蓄や資産運用、リスク対策

　ただし、銀行口座は必ずもう1つもっておきます。生活費とは別にしたい予備費や、運用するお金を入れておきます。2つ目の銀行には、昔ながらの都市銀行や地方銀行以外にも、ネット銀行などの新しい銀行を使ってみてはいかがでしょうか？　ネット銀行には、毎月一定額を別の銀行からネット銀行に無料で動かせるサービス（「おまかせ入金」などと呼ぶ）を提供するところもあるので、申し込んでおけば、自動的にお金を移せます。

　銀行口座を2つもつことは、システム障害などで万一片方の銀行のATMが使えなくなった際のリスク対策にもなります。

株式をもつなら証券口座も開設

資産運用のためにもつ金融商品が投資信託なら、銀行で購入できます。多くの銀行ではNISA口座やiDeCo口座も扱っていますから、2つ目の銀行を資産運用の口座に位置づけられます。

しかし、株式やETF、REITを買いたいなら証券会社に口座を開くことが必要です。証券会社は投資信託から株式などまで、運用商品を幅広く扱っていますから、資産運用をするなら1つもっておきたいです。

NISA口座で配当利回りの高い株式に投資したいなら証券会社で口座を開きます。通常、証券会社の口座には銀行口座からの引き落としにより無料で入金できますが、証券会社を選ぶ際は念のため、給与や年金が入る生活費用の銀行から無料でお金を移せるかを確認しましょう。

すでに資産運用に取り組んでいて、複数の証券会社に口座を持っているなら、ネット取引の画面や、品揃えなどを考慮して、今後も使い続けたい口座に絞り込みを。証券会社はできれば1つ、多くても2つまでが管理しやすいでしょう。

3つの口座の使い分けは、ここまで書いたとおりですが、どうしても足りないなら、必要な口座だけ追加してください。

クレジットカード、ポイントカード、電子マネーも最小限に

クレジットカードは1枚、多くても2枚まで。2枚もつなら生活費用と特別支出用など目的別に分けます。ポイントカードや電子マネー、スマホ決済なども、自分の生活に合っているものに絞り込みます。

あれもこれもと広げすぎないことが、お金の流れをスッキリさせるための基本的な方法。口座数が少なければ残高もパッとわかります。わかりやすく使いやすいよう整えてください。

ネット取引の契約で便利に

口座の整理整頓とあわせて、インターネットでの取引の契約がまだなら申し込むことをおすすめします。ネットショッピングは楽しんでも、金融機関のネット取引には抵抗があるという人は意外と多いのです。しかし、これからさらに電子マネーなどのキャッシュレス決済が普及していきますから、ネットでの残高照会や資金移動などができないと困ることになりそうです。パソコンやスマートフォンで安全な金融取引ができるよう、今のうちから慣れておきましょう。

ネット取引は若い人向けのイメージがありますが、高齢者や体が不自由な人にも有効です。外出せずに自宅から、いつでも自分の都合がいい時間に、入出金履歴の照会や、振り込み、金融商品の申し込みや解約ができるのです。体調が悪くて外出したくない日や雨の日は便利！

インターネット取引の契約があれば、家計簿アプリ（40ページ）と連携させて、家計管理が簡単になります。データをパソコンにダウンロードすれば、家計簿代わりに使えます。

ネット取引にはセキュリティ対策が必須

ネット取引を行うなら、必ずセキュリティ対策を。パソコンにはセキュリティソフトを導入し最新の状態に。不審なメールのリンクや添付ファイルは絶対に開かないこと。金融機関は

スマホのSMS（ショートメッセージサービス）でパスワードを聞いてくることはありません。事前に正しいウエブサイトを登録しておき、ログインはそこから行います。

エンディングノートを書き始める

さまざまなエンディングノートが市販され、無料で配布されるものや、雑誌の付録もあります。記載する内容もいろいろです。決められた形式で書けば法的効力が発生する遺言とは異なり、エンディングノートは、家族に迷惑をかけないための情報や自分の思いを伝えるものですから、形式も項目も自由。ただし、お金に関して、家族が困らないために、次の項目は記載してください。

・エンディングノートを書いた日付や追記、修正した日付
・銀行や証券会社の支店名と口座番号
　残高や評価額は変動するので、どの金融機関に口座があるかわかればよい。
・ゴルフ会員権や金など、その他の資産
　取り扱い機関と連絡先
・負債があれば借入先
・人に貸しているお金があれば相手の名前や連絡先
・加入している生命保険や医療保険の証券番号と保管場所
　給付金や死亡保険金の受け取り、個人年金保険の相続のため
・持っている不動産の住所、地番（登記簿上の所在地）、持ち分
・クレジットカードの発行会社とカード番号
・スマホやパソコンのロック解除のパスワード
・本籍地
　相続の手続きには出生時から死亡時までの戸籍謄本が必要
・遺言書の有無
　あるなら保管場所
・葬儀の準備をしているか
　互助会などに加入しているなら掛金額や連絡先
・墓
　先祖代々の墓や購入した墓があるか

親を見送った人が口を揃えて言うのは、相続の手続き以前に、そもそもどんな資産がどれくらいあるのかを把握するのが大変だったことです。エンディングノートなどに記載されていなければ、残された通帳やキャッシュカード、取引履歴の書類を手がかりに探すことになり、手間がかかります。相続の手続きを済ませた後で、他にも資産があることがわかったら、手続きのやり直しが必要なので、短期間のうちにすべての資産を探し出さねばなりません。大きな負債があって相続を放棄したい場合の期限は、亡くなってから3カ月間しかありません。自分の資産をリストアップしておくことは、残される家族への思いやりでもあります。そして、エンディングノートを書くには、口座などが整理されていないと難しいのです。

まずは、お金関係の整理整頓から始め、項目が自分にピッタリくるエンディングノートを購入するか、デザインや紙質が気に入ったノートを用意して、思い立った日から書き始めましょう。書けたら、保管場所を決めて、「突然具合が悪くなって入院したときや万一のときには、この引き出しを見てね」と家族や親しい人に保管場所を伝えておきます。

¥ エンディングノート

オレに何かあったときに残された家族のために、いろいろ記しておかねばな。
資産のこと、保険のこと、友人や知人の連絡先も必要だな
家族への想いなんかも書いとくか。母さんと出会ったのは大学のときだったなあ かわいくてひとめぼれで
……ファーストキスはたしか
フフフ
子どもたちに見せるのが恥ずかしくなってしまった……書き直そう

遺言書を準備する

遺言書があれば、万一のときは原則、遺言の内容に従って遺産を分けることになります。ただし、法定相続人であるにもかかわらず遺産をもらえないなど遺言書の内容が遺留分を侵害している（171ページ参照）ときは、侵害された分を請求する権利が相続人にあります。

遺言書がなければ法定相続人が法定相続分で分ける（170ページ参照）か、話し合って分け方を決めます。法定相続人全員が合意すれば、法定相続分とは異なる分け方もできます。

自分の意思を伝えるために、また、遺族が話し合いでもめないよう、遺留分に配慮した遺言書を書いておくといいでしょう。

必ず遺言書を残しておきたいのは、金融資産が少なく遺産のほとんどを自宅（不動産）が占めるケース、子どもがいない夫婦、シングル、離婚や再婚により家族関係が複雑な人など。その理由を158ページの表にまとめました。

とはいえ多くの50歳にとって相続はまだ先のこと。これから老後資金を増やし、いずれそれを取り崩しながら暮らしていくことになります。所有する不動産も、買い換えや住み替えにより変化する可能性があります。遺す財産はまだ不確定です。

とりあえずは現状をもとに、すぐに万一のことがあったらどうしたいかをまとめてみましょう。遺言は何度も書き直すことができ、複数の遺言があったときは最新の日付のものが有効となります。

遺言書の種類

遺言書としてよく使われるのは、自筆証書遺言と公正証書遺言です（159ページの表参照）。

自筆証書遺言は、以前は全文を自筆する必要がありましたが、民法の改正により、2019年から財産目録はパソコンでの作成や通帳のコピー添付が認められるようになりました。財産目録にも署名捺印することで偽造を防止します。また自筆証書遺言は紛失や偽造のリスクが指摘されてきました。これを防ぐため、2020年7月10日から自筆証書遺言の保管を法務局に申請できるようになります。自筆証書遺言が使いやすくなるので、まずは自分で書ける自筆証書遺言を作成してはいかがでしょうか。

相続の詳細については7章を読んでください。

遺言書を残しておいた方がいいケース

遺産のほとんどが自宅（不動産）	・複数の相続人がいる場合、売却してお金にして分けることになる。 ・子どもの1人と同居していて、同居の子どもに相続させたい場合、他の子どもと不平等になる。
子どもがいない夫婦	・親が存命なら親、親が亡くなっていれば兄弟またはその子どもが法定相続人となり、配偶者が100％相続的できない ・遺言があれば、兄弟やその子どもに相続させずに済む。
シングル	・配偶者や子どもがいないので、親や兄弟が法定相続人となる。 ・1人っ子で、親も他界していると法定相続人が不在に。 ・遺言書で親しい人に遺産を残せるが、相続税が高くなるケースもある。
離婚や再婚により家族関係が複雑	・夫婦が離婚しても子どもは法定相続人となる。 ・再婚した相手の子どもも、養子縁組をすれば法定相続人になる。

遺言書の種類と特徴		
遺言の種類	自筆証書遺言	公正証書遺言
作成方法	必要事項を自筆で書き、署名捺印する	2人以上の証人の立ち会いのもと公証人が作る。原本を公証役場で保管する
費用	かからない	財産の額に応じた手数料がかかる
記載事項	相続財産の内容と、誰にどれくらい配分するか。分け方は金額ではなく、全部、2分の1など割合で指定する。日付も必須	

葬儀費用はどれくらい？

お葬式は年々簡素化が進み、かける費用も平均的に下がっています。

数十人から大きなものは100人以上の参列者が集まる通常のお葬式＝一般葬から、親族中心の少人数の家族葬、通夜や告別式を行わず火葬のみの直葬まで、規模が小さくなればそのぶん費用も原則安くなります。平均的には150万円程度といわれています。

交友関係が広い働き盛りに突然亡くなった場合は、多くの参列者が予想され、それなりの規模のお葬式を行うことになりそうですが、高齢になってからは家族葬も選択肢です。

「葬式代くらいはお金を残しておきたい」という話をときどき聞きます。規模が大きいか、こだわったお葬式でない限り、50万～200万円を目安と考えていいでしょう。

葬儀費用は、祭壇や斎場など葬儀そのものの費用に加えて、食事代や返礼品代、僧侶へのお布施、火葬料などがかかります。

かつて葬儀費用はわかりにくく、ブラックボックスと言われていました。ここ数年は、価格体系を明瞭に示す業者が増えています。インターネットで申し込める葬儀社も登場し、比較しやすくなっています。必ず見積りを取り、総額を確認するのが、トラブルを防ぐコツです。

葬儀費用は、相続財産から経費として差し引くことができます。2019年から、葬儀費用の支払いなど相続人に需要があれば、遺産分割が終わる前でも、亡くなった人の預貯金から引き出せるようになりました。上限は法定相続分の3分の1まで、ただし1つの金融機関につき150万円までです。

遺言状

あなたー
パパー
このたびはご愁傷様です。
ご主人の顧問弁護士です
ご主人の遺言に従い私が各種の手続きをさせていただくのですが、1つ困ったことがありまして……
遣唐使
遺言状かと思ったらこれ、遣唐使って書いてありました
あなたー!
遣唐使

㊎ 葬儀費用

葬式にはできるだけ金をかけるなというのが父の遺言でして
それでしたらこちらのプランなどおすすめです
ドーン
ドーン
VR葬式すごい!!
おおー!
花火!!

お墓の選択肢

代々引き継いだ「家墓」を継承し、いずれ自分も入るのか、別のお墓や埋葬方法にするのか。家という概念が薄れて、お墓を継承する人は減ってきているようです。子どもがいない、結婚していないなどで、継承者がいないお墓もあります。

継承者がいるかどうかが分かれ目

墓地に墓石が立てられた永代使用の個別墓や、寺院の永代使用の納骨堂は、継承者がいることが前提で、毎年管理料がかかります。管理料を滞納すると使用権を抹消されたり、無縁仏と見なされたりすることもあります。

そんな中、最近増えているのが、墓を解体する「墓じまい」です。

墓の移転や解体の際には、自治体に改葬許可申請書を提出します。解体費用は業者により異なり、数十万円程度。

継承者がいない、あるいは子どもに負担をかけたくないという思いから、永代使用の家墓を解体した人は、その後どうしているのでしょうか？　購入時に一括して費用を払えば管理料が不要の永代供養の墓や納骨堂、合同墓を選択する人が多いようです。

お墓の契約には、永代使用と永代供養があります（違いは表を参照）。まずは、どちらの契約にするかを選択します。

お墓の運営は主に寺院、公営、民間で行われ、それぞれに特徴があります（163ページの表参照）。次に検討したいのが、お墓の運営者です。その他、新しい埋葬方法として関心を集めているのが、樹木の下に納骨する樹木葬や、そもそもお墓に入らない散

契約による違い

契約	永代使用	永代供養
内容	永代使用料を払うことで、お墓の使用権を持ち、代がある限り、お墓を使用できる	運営者が存在する限り、供養してもらえる。一定期間が過ぎると合葬されるケースも
費用	購入時に永代使用料、その後は年間管理料を払う	購入時に一括して支払う
継承者	必要	不要

骨です。ただし、遺骨の埋葬は自由に行っていいわけではありません。「墓地、埋葬等に関する法律」が定められているので、これを守って行う必要があります。新しい埋葬方法を選択するなら、信頼できる業者なのか、法律に則った方法かを確認しましょう。

50歳なら、通常は親を見送って埋葬するのが先ですから、その経験をもとに、自分はどうするか考えても遅くはないでしょう。

ちなみに、お墓は祭祀財産に分類され、相続税はかかりません。永代使用料には消費税はかかりませんが、墓石の購入や工事、年間管理料には消費税がかかります。

お墓の運営者による違い

寺院墓地	公営墓地	民間墓地（宗教法人など）
・寺院が維持・管理 ・葬儀や法事も頼める ・永代使用にはそれなりの費用がかかる	・自治体が管理 ・宗教・宗派を問わない ・比較的安め ・居住などの条件を定める自治体もある	・サービス、料金に差がある ・宗教・宗派を問わない ・永代使用にはそれなりの費用がかかる

・いずれも永代使用と永代供養がある
・永代供養の方が安いケースが多い

¥ お墓

最近は奇抜なお墓も多いよね
うわー あれは、やり過ぎじゃないの?
ちょっと悪趣味だよね〜
本物の幽霊なんですけど……

¥ 遺された人のために

あなたがこんなに
早く逝ってしまう
なんて……
まだ年金も
もらってない歳よ？
早過ぎるわよ
まじめにこつこつ
払ってきた年金も
ムダになっちゃった
わね！
あなた
ガタ
遺族年金
が出るから
ムダなわけじゃ
ないぞ～

お金の使い道

知らない間に死亡保険なんかたくさんかけちゃってさ！
お金いっぱいもらったって私ひとりじゃ使い道ないじゃないの
ピンポ〜ン
お届けものでーす
知らない間にお花注文してたの？ホント勝手なんだから
あら手紙
こっちは花がたくさん咲いててきれいな所です。キミも大好きな旅行でもして人生楽しんで下さい。

CHAPTER

07

¥ 資産の引き継ぎ

大人になって世帯が別になると、親子でもお金の話は
案外しにくいものです。一緒に暮らす夫婦も、
互いの資産を把握しているとは限りません。
しかし相続は、資産のみならず負債も対象で、一生のうちわずか
数回。損や後悔をしないためには仕組みを知っておくことです。

資産の引き継ぎ 傾向と対策

もらう相続、遺す相続

相続で遺族がもめたり混乱したりしないためには、資産と家族の状況をもとに、残す側が事前に準備をしておくのが最善の方法です。しかし、いつまで生きるのか、いくら残せるのかは本人にもわかりません。人生最後の支出として医療や介護の費用があり、治療や介護状態が長引けば、予想以上のお金がかかることもあります。

相続は、親から、または配偶者から受けるのが主なパターンですが、寿命が延びて、相続の時期も後ろ倒しになり、50歳はまだ親からの相続を経験していない人も多いでしょう。

家計相談を通してさまざまなお宅を見ていると、相続は、半分運命だと感じます。

老後資金を準備できないまま60代に入った人が、相続によりかなりの資産を受け取り、老後のマネープランが成り立ったケースもあれば、亡くなった人が借金を抱えていて、マイナスの資産を相続しないために相続放棄をしたケースもあります。空き家になった親の自宅を売却して、代金を複数の子どもで分けるつもりなのに、何年も家が売れないままのお宅もあります。

まず、もらう相続については、半分の運命を、期待せず淡々と受け入れつつ、しかし自分のマネープランに支障をきたさないための対策が必要です。本人が準備してくれればいいのですが、その気配がないなら、可能な限り親や配偶者の資産の内容と総額を把握しておくことです。そして、できれば本人の意思を確認しておきたい。

もめない相続のために日頃からコミュニケーションを

親族であっても、いきなりは教えてくれないでしょうから、信頼関係を築くために、日頃からコミュニケーションをとることが、お互いの納得につながるでしょう。

平均的には、年齢が高いほど持ち家率が高いので、自宅の不動産プラス金融資産がいくらかあるのが、相続財産としては一般的です。

団体信用生命保険がついた住宅ローン以外の借金がなく、資産がわかりやすく、分けやすい、かつ故人および法定相続人の間でコミュニケーションがとれていることが、相続がスムーズに進む条件。また、ある程度の自分の資産を持っていることが、相続の際に冷静でいられるとともに、有利に働くケースもあります。例えば、相続財産がほぼ親の自宅のみの場合、他の相続人に自分のお金を支払うことで（代償分割175ページ参照）、親の自宅を自分が相続することができます。

相続税がかからない範囲の資産であっても、相続の対策は必要です。親の自宅が空き家になる場合は、売ったり貸したりできそうか、相場や立地をもとに確認しておく、万一のとき売りやすい物件に住み替える、将来の相続を見越して節税になる二世帯住宅に建替えるなど。

次に、遺す相続については、

自分が親に期待することは、自分の相続の際には、子どもから期待されることでもあるでしょう。

　そもそも子どもに資産を遺したいのか。60歳以上の人と話していると、なるべくたくさん子どもに遺したい、自分で使い切りたいという対照的な考え方に加え、子どもに遺したいけど、それ以前に自分の老後資金が足りるのか不安という人が増えています。

　いずれの場合も、自分の人生を生き切ることが重要で、相続はその後の問題です。しかし相続は資産の承継になるため、法律上、さまざまな規定があります。

　50歳なら、相続時の資産の扱いを知った上で、後半の人生をどう生きるかを前提に、締めくくりとしての相続を考え、準備できる時間があります。

　配偶者や子どもがいる人も、いない人も、自分の法定相続人が誰なのかを把握し、自分の資産をどうしたいか、考えておきましょう。

相続財産とは

　相続財産となるものには、金融資産、不動産、金などの貴金属、ゴルフ会員権などがあります。プラスの資産のみならず、マイナスの資産＝借入金も相続財産です（次ページの表参照）。

　相続財産をいくらと見なすかですが、金融資産はほぼ時価、不動産は時価より2〜3割安いとざっくり理解してください。

　細かくは、例えば株式は、亡くなった当日の終値の他、亡くなった月の終値の平均など4つの価格を比較して一番低いものを評価額とします。定期預金は亡くなった日の残高プラスその日までの利息、債券は亡くなった日の最終価格または平均値プラスその日までの利息、投資信託は亡くなった日に解約した場合の価格。金は亡くなった日の取引価格です。

　不動産は、土地と建物に分けて評価します。土地は時価の8割程度の相続税路線価（場所によっては固定資産税評価額×一定倍率）、建物は固定資産税評価額（年数が経過するほど下がる）です。人に貸している土地や建物は自宅よりも評価が下がります。

　ゴルフ会員権は亡くなった日の取引価格の7割です。

　遺族に支給された死亡退職金、生命保険の死亡保険金も、みなし相続財産です。ただし一定の非課税枠があり、これを引くことができます。

　民間の生命保険会社の個人年金の中には、保証期間内に本人が死亡したら、残りの期間は遺族が年金を受け取れる契約があります。この場合も相続財産となります。

　一方、公的年金から支給される遺族年金は非課税です。

相続財産(受け取った金額によっては相続税がかかる)	
プラスの財産	金融資産(預貯金、株式、投資信託、債券など)
	不動産(土地・建物、借地権など)
	その他、金(貴金属類)やゴルフ会員権、個人年金の受給権など
マイナスの財産	借入金
	連帯保証
みなし相続財産	死亡退職金
	生命保険の死亡保険金

法律が定める相続人と相続分

亡くなった人の資産を、誰がどれくらい相続するか、目安が法律で示されています。法律で定めた相続人を法定相続人、相続割合を法定相続分といいます（171ページの表を参照）。

まず、法定相続人になれるのは、配偶者（内縁は含まず）、子ども、直系尊属（父母や祖父母）、兄弟姉妹です。法定相続人が複数いるときは、順位をもとに相続人が決まります。

配偶者は常に相続人です。配偶者以外は、子ども、直系尊属、兄弟姉妹の順です。上の順位がいないときに次の順位が相続人になります。配偶者がいなければ、子ども、直系尊属、兄弟姉妹の順に相続人になります。

例えば配偶者と子どもがいるなら、配偶者と子どもが相続人で2分の1ずつ。子どもが複数いるなら、2分の1を等分します。子ども3人なら1人あたりは2分の1×3分の1で6分の1。子どもがいない場合は、直系尊属が相続人。子どもも直系尊属もいないときに兄弟姉妹が相続人になります。

子どもや兄弟姉妹が先に亡くなっているときは、その子どもが代襲して相続人になります。子どもの場合は、孫、ひ孫と直系が続く限り代襲できますが、兄弟姉妹の代襲は1代限りです。

遺留分とは？

亡くなった人が遺言で、法定相続分とは違う分け方を指定していた場合、兄弟姉妹以外の相続人は遺留分を請求できます。遺留分とは、最低限受け取れる範囲で、法定相続分の2分の1（直系尊属のみが相続人のときは3分の1）。遺言の指定が遺留分より少なかったときは、遺留分までを請求できます。兄弟姉妹には遺留分はありません。

また、遺言があれば、法定相続人以外の人も相続人になれますが、相続税がかかる場合は高くなります。

法定相続人が誰もいないケースでは、内縁の妻など長年生計をともにしてきた人や、介護に携わった人などが特別縁故者として相続できることもあります。判断は家庭裁判所が行います。

法定相続人と法定相続分

順位	相続人	法定相続分	
第1順位	配偶者と子ども	配偶者2分の1、子ども2分の1*	・子どもが先に死亡しているときは、その子ども、孫、ひ孫…が代襲して相続人となる ・子、直系尊属、兄弟姉妹が複数いるときは等分する ・兄弟姉妹が先に亡くなっているときは、その子が一代限り代襲して相続人となる
第2順位	配偶者と直系尊属	配偶者3分の2、直系尊属3分の1	
第3順位	配偶者と兄弟姉妹	配偶者4分の3、兄弟姉妹4分の1**	

*配偶者の連れ子は養子縁組が必要。普通養子は実の親との親族関係も維持され、どちらも子どもとして相続人になる
**父母の一方を同じくする兄弟姉妹は、父母の双方を同じくする兄弟姉妹の2分の1

相続

ワシも老いて、この先あと何年生きられるのかわからん。
今日はおまえたち兄弟に相続の話をしておこうと思って来てもらった
ワシが遺してやれるのはこの家くらいしかない
しかしおまえたちは三兄弟
そこで兄弟げんかしないよう熟慮した結果を伝える
ズズ…
一郎は居間、二郎は寝室、三郎は客間、台所は共用で
…
なんでオレたち一緒に住む設定なんだよ。みんな結婚もしてんのに!!

¥ 相続財産

父さん また新しいクラブ買ったの?
ホント ゴルフ好きねー
ゴルフ会員権でも持ってれば、相続財産になるからいいんだけどね〜
えっ そうなの!?
持ってるぞ、会員権
ゴルフショップのじゃん!!
ペシ
スタンプ貯まってるぞー

¥ 相続人

あのおじいちゃん、
モテモテですね
口グセが
ワシの相続人
になるか？
だからね
えっ
アタシも
席つこう
かな♡
奥さん
ピンピンしてて
子だくさん
だよ
すでに
相続人
だらけ
じゃない
ですか

全員が合意すれば法定相続分でなくてもいい

財産をどう分けるかの目安が法律で示されていますが、実際には法定相続人の全員が合意すれば、法律通りでなくてもいいのです。遺留分を侵害されたからといって、請求する必要もありません。しかし、少しでも多くもらいたいのが人情です。もめたときは、家庭裁判所の調停を利用できます。それでも合意に至らない場合は、法定相続分を目安に各人の事情を考慮した審判になります。

マイナスの資産を相続しないために、「相続放棄」も選択できます。相続放棄は、プラスの財産もマイナスの財産もすべて放棄します。複数の相続人がいる場合、個々に相続放棄の選択が可能です。相続の開始から3カ月以内に、家庭裁判所に申し出ます。

一方、プラスの資産を限度としてマイナスの資産＝債務を支払い、残った資産があれば相続するのが限定承認です。こちらは相続人全員で相続の開始から3カ月以内に家庭裁判所に申し出る必要があります。

3カ月以内に、相続放棄や限定承認の申し出が行われない、つまり何もしなかった場合は、自動的に単純承認と見なされて、すべてを引き継ぐことになります。

家族を亡くした精神的なショックの中で、葬儀を行い、社会保険や民間保険など、たくさんの手続きを行なくてはなりませんが、負債を引き継がないためには、早急に亡くなった人の資産と負債の確認が必要です。

相続開始後の主な手続きとその期限については、182ページを参照してください。

自宅不動産の分け方は？

相続財産は自宅不動産が中心で金融資産は少しだけ、しかし相続人は複数という場合、不動産をどう分けるかが問題です。4つの方法があります。

1 換価分割
売って代金を分ける

2 代償分割
自宅を相続した人が他の相続人に現金などを払う

3 現物分割
不動産をそのまま分割する

4 共有名義
共同で所有する

それぞれのメリットとデメリットを176ページの表にまとめました。共有名義はできれば避けた方がいいでしょう。

共有名義にすると、その不動産を売ったり、建替えたり、改築したり、何をするにも共有者全員の同意が必要になり、非常に面倒です。さらに共有名義のまま次の相続が起これば、名義人の数が増え、普段行き来のない遠い親戚と共有することになります。名義人として不動産を持ってはいても資産としては活用できない状態になりかねません。売却して換価分割するか代償分割が現実的な選択肢です。

ただし、自宅の相続について2020年4月から次のような法律が施行されます。

配偶者居住権

亡くなった人が持つ建物に配偶者が住んでいた場合は、配偶者は終身または一定期間、その建物に無償で住むことができる配偶者居住権が新設されます。配偶者だけの特別な権利です。

なぜ、このような法律ができ

自宅不動産の分け方

	方法	メリットとデメリット
換価分割*	自宅を売って、代金を分ける	公平に分けられる。希望の価格で売れない、なかなか売れないケースもある。
代償分割	自宅を相続した人が、他の相続人に相続分相当のお金などを支払う	自宅を残せ、公平に分けられる。自宅を相続する人が金融資産などを持っていないと難しい。
現物分割	自宅を、相続割合で分ける	自宅を残せる。敷地が広い、敷地内に建物が2棟あるなど、物理的に可能な物件に限られる。
共有名義	登記を行い共同で所有する	公平に分けられる。売却などには共有者全員の合意が必要なため、その後の活用が面倒になる。

＊換価分割は、購入時より高く売れて利益が出ると所得税がかかります。税金を軽減できるケースもあります。

たかというと、配偶者と子どもがそれぞれ相続するために自宅を売却すると配偶者の住む家がなくなる、配偶者が自宅を、子どもが金融資産を相続すると、配偶者が生活費に困る可能性があるからです。

利用するには登記が必要です。配偶者は配偶者居住権、子どもは負担付き所有権で相続し、配偶者居住権は、配偶者の死亡により消滅するので、その後は子どもが通常の形で所有することになります。

配偶者居住権の仕組み

配偶者は自宅での居住を継続しながらそのほかの財産も取得できる

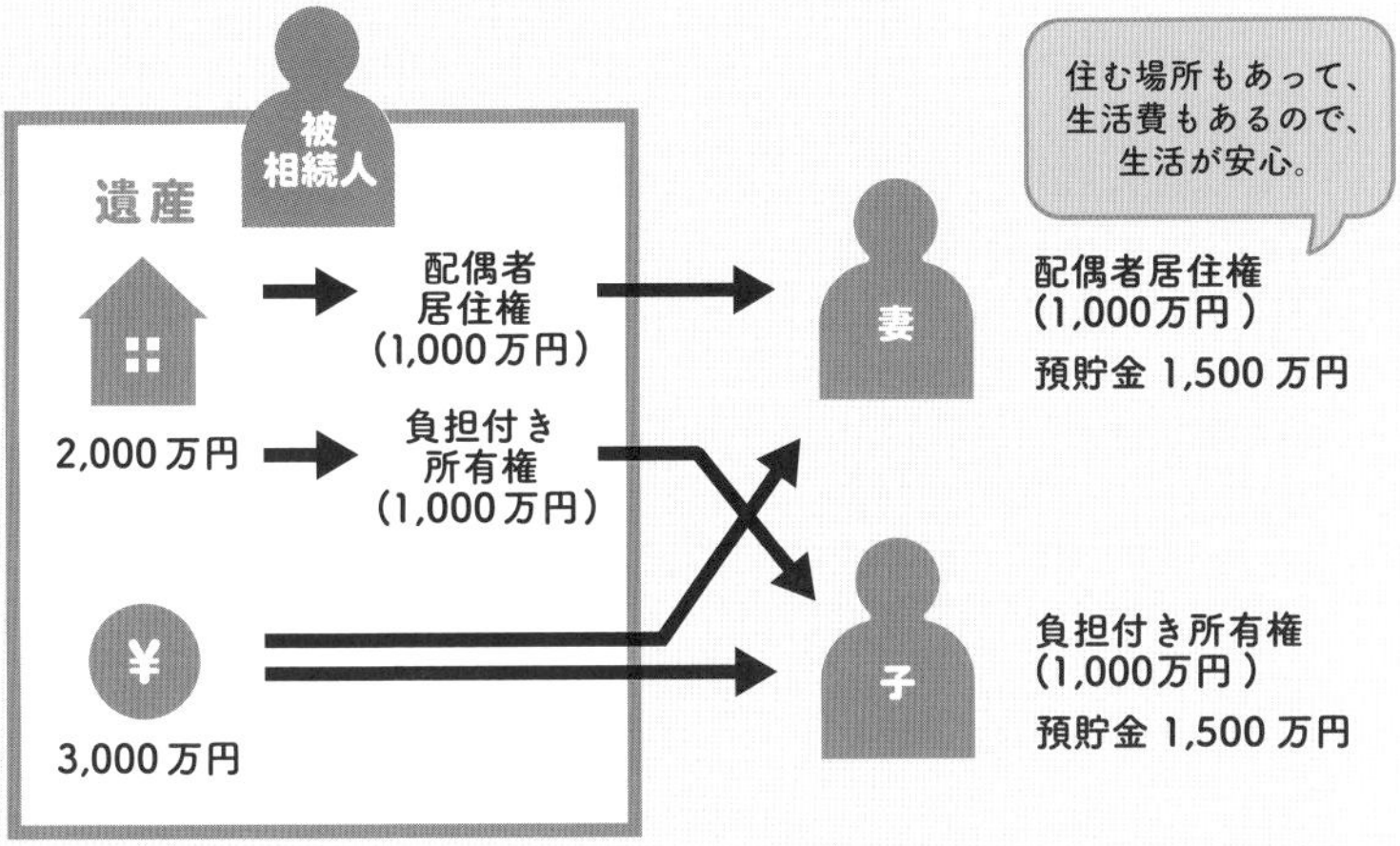

「民法（相続法）改正、遺言書保管法の制定」パンフレット（法務省）をもとに作成

相続税がかかるかどうかの境界は？

国税庁の調査によれば、相続税が発生するのは亡くなった人の8％程度とか。目安は、相続財産の総額が基礎控除額（178ページの図参照）を超えているかどうかです。

相続税の基礎控除額の計算式は178ページの通りで、法定相続人の数により違ってきます。法定相続人の数え方は、相続放棄した人がいても人数に入れる一方、養子の数には制限があります。実子がいるなら養子は1人まで、実子がいなければ2人まで。基礎控除を増やすことが目的の養子縁組みを防ぐためです。

例えば、配偶者に子ども2人で法定相続人が3人なら、基礎控除は4800万円。相続財産から基礎控除を引いてマイナスになれば相続税はかかりません。

首都圏など地価が高い地域に住む人は、「相続税がかかるかも……」と心配になったかもしれません。自宅だけで基礎控除を超えそうな場所がけっこうあります。

相続財産の評価でも説明したとおり、不動産は時価ではなく、時価の8割程度が評価額です。土地の相続税路線価は国税庁のサイトで公表されているので確認しましょう。建物の固定資産税評価額は、毎年届く固定資産税の納付書の明細に記載されています。

さらに、相続人が自宅で同居している、あるいは、別居しているが自宅を所有していないなら、一定の条件を満たせば自宅の土地部分の評価額が下がる小規模宅地などの特例（182ページ）という優遇制度があります。優遇制度を活用することで相続税が非課税になるケースもありま

相続税の基礎控除

3,000万円＋（法定相続人の数×600万円）

計算例　法定相続人が3人（配偶者と子ども2人）なら、4,800万円

す。

相続税の計算はけっこう複雑ですが、おおまかな手順を知っておきましょう。

まず、相続人ごとに受け取った資産を合計して、相続人ごとの課税価格を出します。このとき死亡退職金や死亡保険金で非課税枠を超える分があればみなし相続財産として足し、負債や葬式費用は差し引きます。小規模宅地等の特例はこの時点で適用します。

各相続人の課税価格がわかったら合計して課税価格の合計を出します。この金額から基礎控除を引くことができます。マイナスなら相続税はかかりません。

その後は、これをいったん法定相続分で相続したとして相続税の総額を出し、実際の相続分で分けます。

さらに、2割加算（一親等の血族以外が相続した、代襲相続人以外の孫が相続した場合など）や控除（未成年者や障害者が相続した場合など）を行います。配偶者には1億6000万円または法定相続分までは非課税という税額軽減がありますから、一般的な世帯なら配偶者が相続税を払うケースはまれです。こうして最終的に納める相続税額が決まります。相続税の税率は181ページの表の通りです。

相続税の計算の流れ

配偶者と子ども2人が相続人の場合

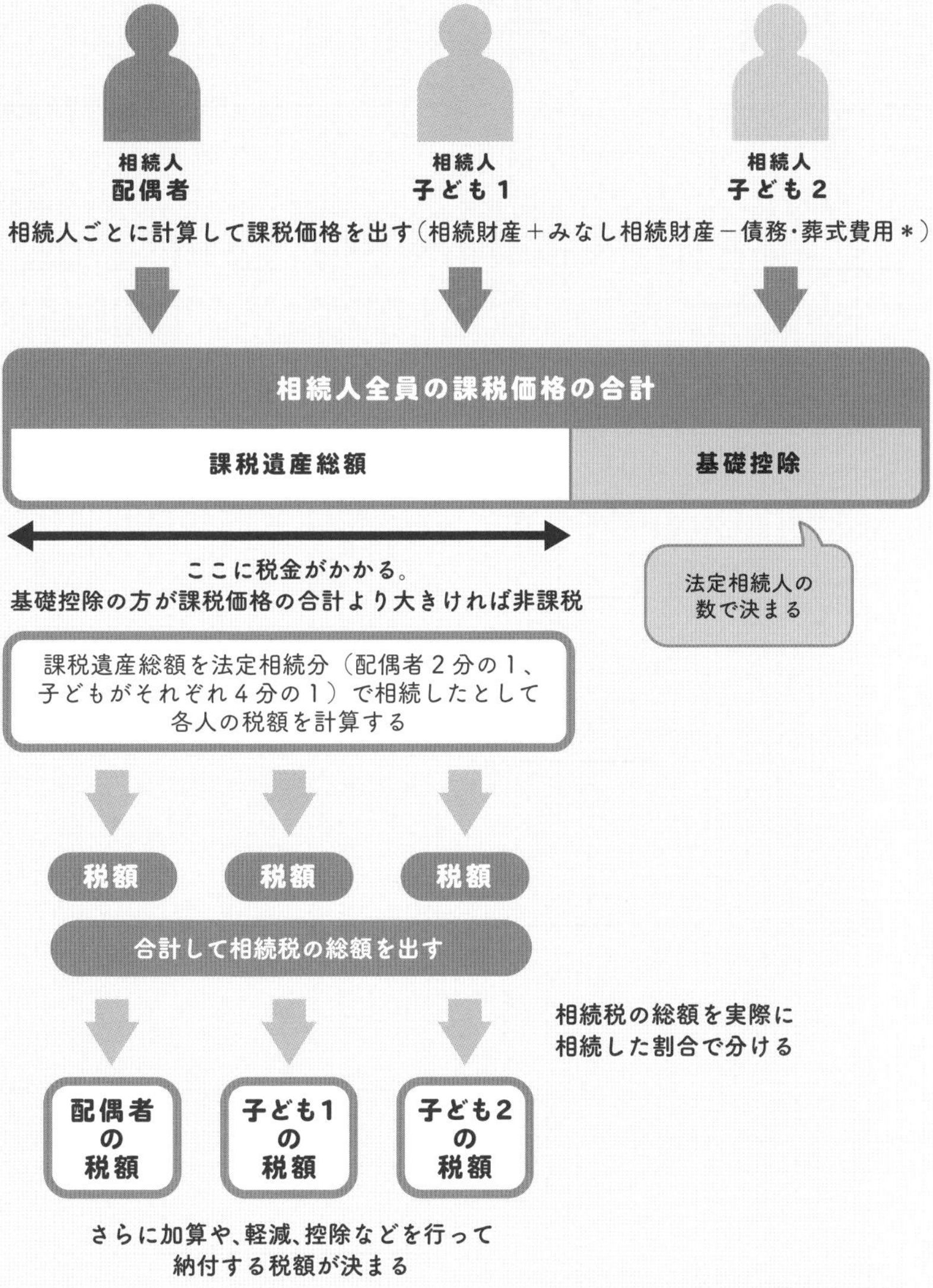
相続人
配偶者
相続人
子ども1
相続人
子ども2
相続人ごとに計算して課税価格を出す（相続財産＋みなし相続財産－債務・葬式費用＊）
相続人全員の課税価格の合計
課税遺産総額
基礎控除
ここに税金がかかる。
基礎控除の方が課税価格の合計より大きければ非課税
法定相続人の数で決まる
課税遺産総額を法定相続分（配偶者2分の1、子どもがそれぞれ4分の1）で相続したとして各人の税額を計算する
税額
税額
税額
合計して相続税の総額を出す
相続税の総額を実際に相続した割合で分ける
配偶者の税額
子ども1の税額
子ども2の税額
さらに加算や、軽減、控除などを行って納付する税額が決まる

＊厳密には非課税財産があれば相続財産から差し引き、相続時精算課税財産や3年以内の贈与財産があれば足す。

相続税の税率

法定相続分に応ずる取得金額	税率	控除額
1,000万円以下	10%	―
3,000万円以下	15%	50万円
5,000万円以下	20%	200万円
1億円以下	30%	700万円
2億円以下	40%	1,700万円
3億円以下	45%	2,700万円
6億円以下	50%	4,200万円
6億円超	55%	7,200万円

国税庁のサイトより作成

相続開始後の手続き

相続が発生したら、3カ月、10カ月が重要な手続きの期限となります。

まず、遺言があるかどうかと、負債を含む資産の総額を3カ月以内に確認し、相続放棄や限定承認について判断。その後は、相続財産の分割について相続人で話し合い「遺産分割協議書」と申告書を作成します。

相続税がかかる場合の申告書の提出と納税の期限は10カ月です。相続税は、相続を受けた人が払い、現金一括納付が原則。遅れると延滞税がかかります。相続税がかかりそうなら、どう捻出するかも考えておかねばなりません。

遺産分割協議書を作成し、実際の分割手続きに入る

相続税がかからない場合も、誰が何を相続するかを記載した「遺産分割協議書」を作成します。金融機関から相続財産を引き出したり、名義を書き換えたりする際に提示を求められます。特例を使うことで非課税になる人も10カ月以内に申告書を提出します。

亡くなった人の、その年の所得を申告して納税する準確定申告も相続人の役割で、4カ月以内に行います。遺留分を侵害された人が請求をできる遺留分減殺請求期限は1年までです。

¥ 相続税の納付

あっ相続税の支払い期限って10カ月だったんだ
忘れてた…
相続税は基本一括払いになります
あのーちょっと今手持ちがなくて……
クレジットカードなら分割払いも可能ですが
いやー限度額オーバーしちゃってて……
おやじ~バカ息子で最期まで心配かけてゴメン!!
と、ならぬようにとのご遺言です

相続開始後の各手続きの期限				
相続の開始	3カ月以内	4カ月以内	10カ月以内	1年以内
死亡＊	相続の放棄 限定承認	準確定申告（亡くなった人の税金の申告）と納付	相続税の申告と納付。 特例により非課税になる場合も申告は必要	遺留分減殺請求

＊不在者の生死が7年間不明のときや、震災などに遭遇した人の生死が1年間不明のときには、失踪宣告により法律上死亡したと見なす。

知っておきたい！相続税・贈与税の優遇制度

小規模宅地等の特例

亡くなった人の自宅の土地は、配偶者や、同居の子どもが相続したら、評価額が8割下がります。対象となるのは330㎡まで。二世帯住宅も同居と見なされます。ただし、登記の際には区分所有ではなく共有名義にしておくこと。また亡くなった人が要介護認定を受けて老人ホームなどに入居しているケースも同居とみなされます。亡くなった人が独り暮らしなら、別居の子どもも自宅を持っていない場合（相続発生の過去3年以内）は、特例の対象です。これにより地価の高い場所の自宅を相続しても相続税がかからないケースもあります。

特例を受けるには、遺産分割協議書のコピーなど書類を整え、相続税の期限までに申告を行います。

生命保険の非課税枠

死亡保険金を受け取った場合、非課税枠を利用できます。保険の非課税枠は法定相続人の人数×500万円。例えば法定相続人が3人なら1500万円です。

利用できる条件は、亡くなった人が契約者で保険料を払っていたこと、受け取り人が法定相続人であることです。例えば亡くなった親が契約し保険料を払っていた保険の死亡保険金を子どもが受け取った場合などが該当します。非課税枠を超えた分は、みなし相続財産として相続税の対象です。

保険のメリットは受け取り人が指定されているので、遺産分割協議が不要なこと。受け取った保険金を代償分割の資金や、相続税の支払いに充てられます。

死亡退職金の非課税枠

死亡退職金にも法定相続人の人数×500万円の非課税枠があります。これを超えた分がみなし相続財産として相続税の対象です。

子どものいない夫婦やシングルの相続は？

子どものいない夫婦やシングルは、普段は気ままに暮らし、親戚づきあいもあまりしない人が多いでしょう。しかし、相続が発生すると親族関係を無視することはできません。

子どものいない夫婦で、配偶者が亡くなると、配偶者の直系尊属が健在なら、配偶者と直系尊属が相続します（171ページ参照）。直系尊属が亡くなっているなら、配偶者の兄弟姉妹が相続人です。兄弟姉妹が亡くなっていても子どもがいるなら子どもが代襲相続人になります。相続の例を図にまとめました。この仕組みを知らず、自分がすべて相続できると思っていた遺産を、ほとんど面識のない甥や姪に分割した話をときおり耳にします。

兄弟姉妹には遺留分がないので、資産を全部配偶者に遺したいなら遺言を書いておく必要があります。

子どもがいない夫婦の法定相続人と法定相続分の例

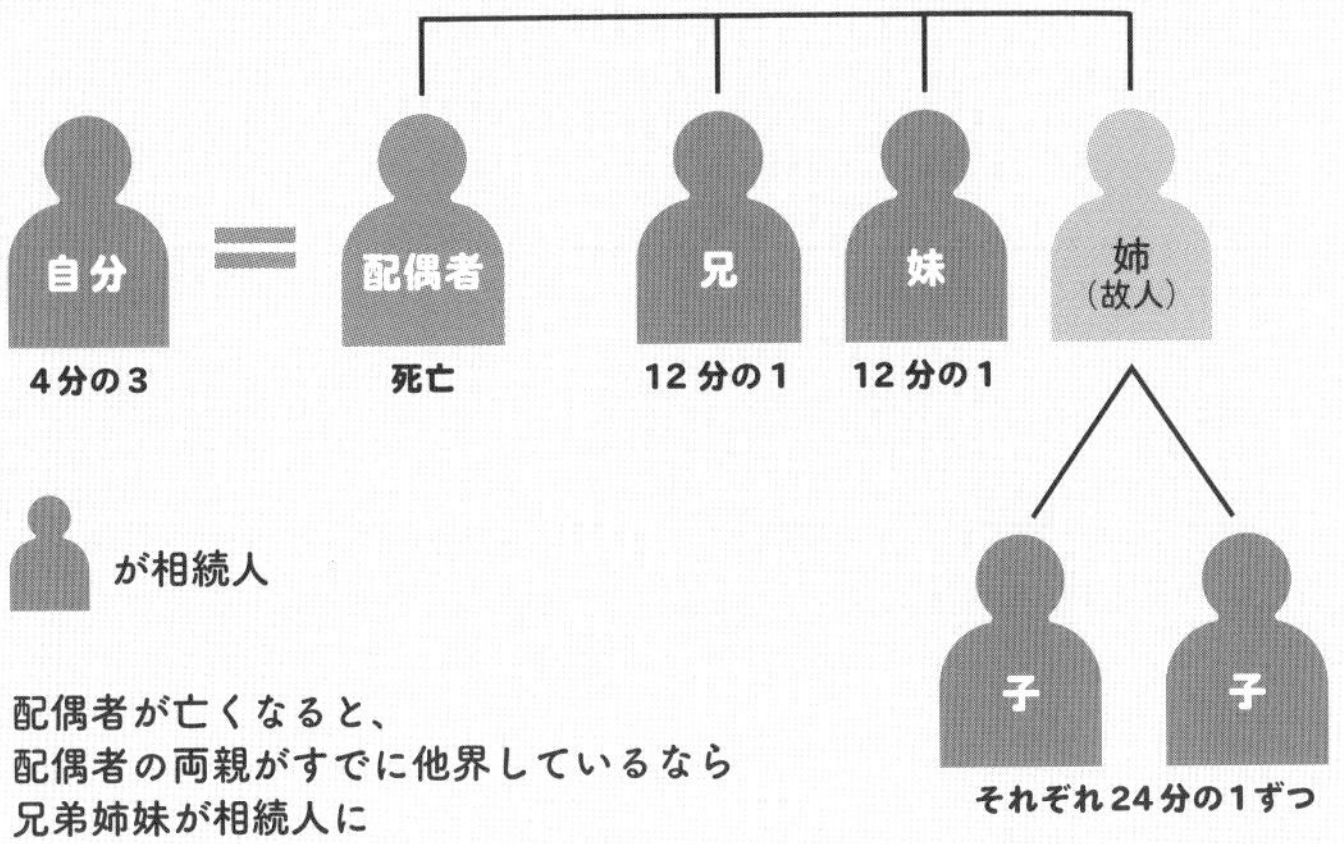

シングルの法定相続人の例

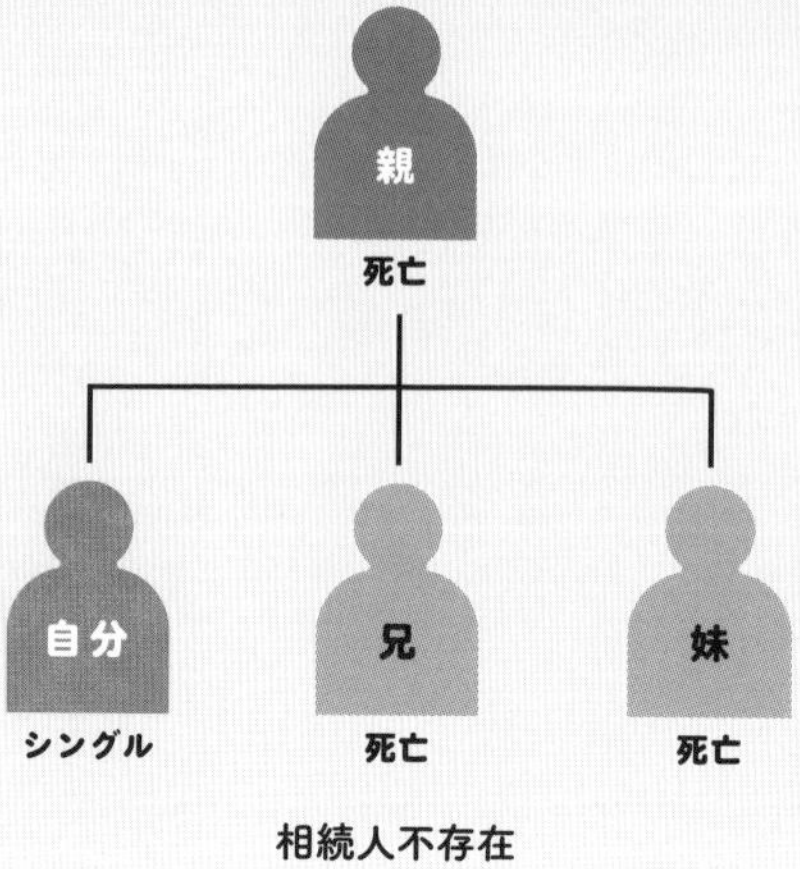

シングルの人は、直系尊属が健在なら直系尊属、亡くなっているなら兄弟姉妹、兄弟姉妹も亡くなっているけれどその子どもがいるなら子どもが代襲相続します。子どものいない夫婦も、片方がなくなればシングルですから、自分の血族において同様になります。

ただし、兄弟姉妹の代襲相続は一代限りなので、その子どもも亡くなっている、そもそも子どもがいないなら相続人不存在です。

相続人不存在で、特別縁故者からの申し立てもなければ、残った財産は国庫に入ります。

¥ 相続税の優遇

カラ、
あれ
お兄ちゃん
泊まってくの?
歯ブラシ用意して
この家をオレが
相続することに
なった場合、
同居してると相続
税がめっちゃ下がるん
だよなー
歯ブラシくらいじゃ
ごまかせないよ!
だいたいお兄ちゃん
持ち家住みだから
そもそもその権利
ないからね!
へーへー

¥ 兄弟姉妹の相続人

あのひと兄弟が多いとは聞いてたけど、姉妹もたくさんいたのね……
相続会議を始めます
まずはじめに、あなた方は故人とどういうご関係でしょうか？
お店のお客でー
なんかー相続人になるかって言われたんでー
どんだけ通ってたんだ、あのヤローー!!
全員お引き取り下さい
マジでムカつくんですけどー

これからの人生のために

私たちも気がつけば50歳ね
もう半世紀も生きたのか、早いなぁ
でも平均寿命まではまだ30年以上もあるのよ
30年っていったら産まれてからおじさんおばさんになるくらいあるな
そうよね、私たちまだまだこれからよ
なんだか子どもにかえった気分になるなー ハハハ
でも、お金のことは大人らしくしっかりね！
へ～い

（人生は）つづく

索引

INDEX

〈制作スタッフ〉
装丁・本文デザイン・DTP　八田さつき
漫画　たかしまてつを
校正・校閲　沖本尚志、ペーパーハウス
協力　アップルシード・エージェンシー（著者エージェント）

編集長　山口康夫
企画・編集　石川加奈子

まだ間に合う！　50歳からのお金の基本

2020年6月1日　初版第1刷発行

著者　坂本綾子
発行人　山口康夫
発行　株式会社エムディエヌコーポレーション
〒101-0051　東京都千代田区神田神保町一丁目105番地
https://books.MdN.co.jp/
発売　株式会社インプレス
〒101-0051　東京都千代田区神田神保町一丁目105番地
印刷・製本　シナノ書籍印刷株式会社

Printed in Japan

【カスタマーセンター】
造本には万全を期しておりますが、万一、落丁・乱丁などがございましたら、送料小社負担にてお取り替えいたします。お手数ですが、カスタマーセンターまでご返送ください。

【落丁・乱丁本などのご返送先】
〒101-0051　東京都千代田区神田神保町一丁目105番地
株式会社エムディエヌコーポレーション カスタマーセンター　TEL：03-4334-2915

【内容に関するお問い合わせ先】
info@MdN.co.jp

【書店・販売店のご注文受付】
株式会社インプレス 受注センター　TEL：048-449-8040 ／ FAX：048-449-8041

ISBN　978-4-8443-6985-1
C0033